LA MONDIALISATION ET SES ENNEMIS

DU MÊME AUTEUR

LES INFORTUNES DE LA PROSPÉRITÉ, Julliard, 1994, réédition
Pocket, coll. « Agora ».

RICHESSE DU MONDE, PAUVRETÉS DES NATIONS, Flammarion,
1997, réédition coll. « Champs ».

NOS TEMPS MODERNES, Flammarion, 2000, réédition coll.
« Champs ».

DANIEL COHEN

LA MONDIALISATION
ET SES ENNEMIS

BERNARD GRASSET
PARIS

Ouvrage publié sous la direction de Perrine Simon-Nahum

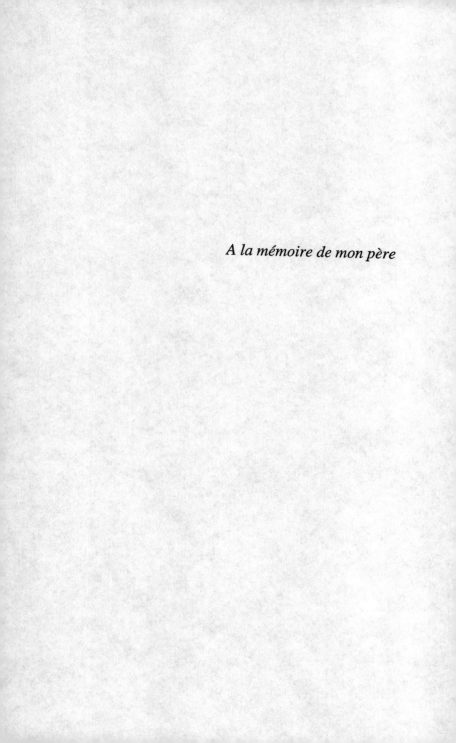

A la mémoire de mon père

Remerciements

Je remercie Michel Cohen, Olivier Mongin, Pierre Rosanvallon et Perrine Simon-Nahum pour leur aide précieuse sur le manuscrit, et les élèves de l'E.N.S. qui ont participé aux séminaires « D'une mondialisation, l'autre » et « L'économie post-industrielle » pour leur stimulus efficace.

Introduction

Pourquoi les pays pauvres sont-ils si pauvres, et les pays riches si riches ? L'explication courante donne à ces deux questions une même réponse : l'exploitation des premiers par les seconds. L'Histoire aurait placé les pays pauvres dans la position qui fut celle des esclaves dans l'Antiquité, ou de la classe ouvrière dans les pays industriels. S'il y a beaucoup à garder de ces rapprochements, le plus simple est néanmoins d'admettre que, pour l'essentiel, l'intuition qui fonde cette comparaison est, en son cœur, radicalement fausse. Ce n'est pas de l'exploitation dont souffrent les pays pauvres. Au risque de paraître paradoxal, mieux vaudrait dire que c'est de ne pas être exploités qu'ils souffrent davantage, d'être oubliés, abandonnés à leur sort. Les pays les plus pauvres ne sont pas semblables aux ouvriers au sein du capitalisme industriel ; ils sont dans une situation qui est bien plus proche de celle des RMIstes aujourd'hui, celle d'exclus. « L'Occident n'a pas besoin du tiers-monde », concluait déjà le grand Paul Bairoch, ajoutant : « ce qui est une mauvaise nouvelle pour le tiers-monde [1] ». Dire que l'Occident dépend peu ou pas du tout de l'Afrique ne revient pas pour autant à l'exonérer de la misère du tiers-monde. C'est tout le contraire. Mais la relation qui les unit n'est pas celle de l'exploitant à l'exploité.

Pour saisir la nature de cette relation complexe, suivons la manière dont Germaine Tillion raconte dans *L'Algérie en 1957* [2] l'étonnement qui la saisit lorsqu'elle revint, vingt ans après, dans un village des Aurès qu'elle avait visité entre 1936 et 1940. Je suis ici les commentaires lumineux que Bernard Chantebout en a faits dans son livre *Le Tiers-monde* [3]. La société des Aurès que Germaine Tillion a connue « équilibrée et heureuse dans sa tranquillité ancestrale » s'est clochardisée en moins de vingt ans. La faute à quoi ? « Rien ou presque. » Les Français, croyant bien faire et porter l'œuvre civilisatrice de la France, ont pulvérisé du DDT sur les étangs pour combattre le paludisme et le typhus et construit une route pour casser l'isolement de la région. Puis ils sont repartis chez eux. Ces deux innovations ont alors produit une réaction en chaîne. L'éradication du typhus et du paludisme va d'abord provoquer une

1. Paul Bairoch, *Mythes et Paradoxes de l'histoire économique*, Paris, La Découverte, 1994.
2. Paris, Editions de Minuit, 1957.
3. Paris, Armand Colin, 1989.

explosion de la démographie. En une génération, la population s'est multipliée. Pour y faire face, les pasteurs ont voulu augmenter leur cheptel. Mais celui-ci a rapidement détruit les sols. Grâce à la route, certains ont exporté leur surplus. Quelques-uns se sont enrichis ; d'autres se sont endettés et parfois ruinés. Les inégalités sont apparues, les plus riches ont envoyé leurs enfants à l'école du chef-lieu. La tradition coranique s'est vite trouvée dévalorisée. Ainsi, comme une population détruite par une épidémie, « la société traditionnelle s'est-elle désintégrée à ce léger contact, à ce simple frôlement de la civilisation occidentale ».

D'exploitation, pourtant, ici, il n'y en eut pas : « Les Français sont retournés chez eux. » La mondialisation, dans cet exemple si caractéristique, pose des questions qui échappent aux catégories simples du Bien et du Mal. Lorsqu'on construit une route entre le village et la ville, remédiant ainsi à un isolement qui porte sa part de responsabilité dans la pauvreté des Aurès, met-on le doigt dans un engrenage inexorable qui conduit à la contestation des autorités ancestrales et à la montée des inégalités ? Doit-on en venir à regretter que l'isolement ne soit pas resté la règle ? Plus complexe encore : en guérissant le paludisme, les Français ont déclenché une explosion démographique. Faut-il laisser mourir les enfants de peur de bouleverser l'équilibre démographique de la vie

13

« ancestrale » ? La seule réduction de la mortalité infantile, qui peut paraître en tant que telle l'un des bienfaits de nos sociétés modernes, emporte-t-elle avec elle tout le modèle de nos sociétés industrielles ? Faut-il l'inscrire irrémédiablement dans un schéma unique, celui qu'on associe en Occident à la « transition démographique », selon lequel la réduction de la mortalité infantile entraîne une baisse de la fécondité, laquelle à son tour s'accompagne immanquablement de la scolarisation des enfants, de l'émancipation des femmes de l'ordre patriarcal, et (finalement) de leur entrée dans la vie « moderne » ? Ce sont des questions complexes, auxquelles on ne peut répondre par oui ou par non, des questions qui viennent de loin...

La mondialisation actuelle n'est que le troisième acte d'une histoire commencée il y a un demi-millénaire. Le premier s'est ouvert par la découverte de l'Amérique au XVIe siècle. C'est l'âge des conquistadores espagnols. Le deuxième se joue au XIXe siècle. C'est l'âge des marchands anglais. La première mondialisation ouvre une séquence proche de la tragédie des Aurès décrite par G. Tillion. Ce ne sont, certes, pas des médicaments qu'emportent avec eux les conquistadores espagnols, mais la variole, la rougeole, la grippe et le typhus. Le schéma est pourtant le même. Une civilisation en détruit une autre, non parce qu'elle est « en avance » sur celle-ci, mais parce qu'elle s'est immunisée contre ses propres virus, contre les effets pervers produit par son système. Aujourd'hui comme hier, bon nombre de pays pauvres se consument du fait qu'ils ne sont pas protégés des effets pervers de nos sociétés industrielles, de l'urbanisation, du style de vie qu'elles entraînent.

Les correspondances entre hier et aujourd'hui sont encore plus frappantes s'agissant de la mondialisation du XIXe siècle. Un grand Empire adepte du libre-échange, la Grande-Bretagne, domine alors le monde grâce à une révolution des moyens de communication : le télégraphe, le chemin de fer et les bateaux à vapeur. Or s'il est une leçon à garder du XIXe siècle, c'est que la réduction des coûts de transport et de communication ne suffit nullement à diffuser la prospérité. L'Inde est aussi pauvre en 1913 qu'en 1820, malgré un siècle passé au sein du Commonwealth. Le paradoxe que les économistes ont tardé à saisir est que la baisse des coûts de communication ne propage pas la richesse, mais favorise bien davantage sa polarisation. Avec le chemin de fer, les bourgs et les hameaux disparaissent, parce qu'ils ne peuvent résister à la concurrence des grandes villes. Lorsqu'un chemin de fer relie deux villes, c'est la plus grande des deux qui prospère tandis que la plus petite disparaît dans bien des cas. C'est exactement le phénomène qu'ont déclenché les Français en construisant une route censée briser l'isolement du village algérien.

De même, aujourd'hui, la nouvelle économie de l'information et de la communication favorise bien davantage des *majors* planétaires qu'elle ne donne leur chance à de nouveaux intervenants. Loin d'accoucher du monde rêvé des économistes de libre entrée et de transparence, la société dite de l'information fabrique ses propres barrières, qui se substituent à celle que la technique fait disparaître.

Les ennemis de la mondialisation se recrutent dans deux camps que tout oppose mais qui se nourrissent chacun de ce témoignage de l'Histoire. Celui, pour simplifier, des Mollahs qui dénoncent ce qu'ils désignent comme « l'occidentalisation du monde ». Et celui des ennemis du capitalisme, qui luttent contre l'exploitation des peuples par le grand capital. Le premier groupe arme la guerre des civilisations, le second, la lutte des classes planétaire. Malgré leurs différences, ces deux camps se retrouvent pourtant dans l'idée que « la mondialisation impose un modèle dont les peuples ne veulent pas ». La vérité est pourtant probablement inverse. La mondialisation fait voir aux peuples un monde qui bouleverse leurs attentes ; le drame est qu'elle se révèle totalement incapable de les satisfaire. Lorsque nous nous émouvons de regarder à la télévision les images d'enfants dont les yeux dévorent les visages, on ignore que ces mêmes enfants, du moins leurs parents, nous observent aussi à la télévision, que *leur* regard est

16

porté sur *notre* prospérité matérielle. C'est davantage de routes et de médicaments, et non pas moins, que réclament les pays pauvres, *à présent* que leur regard a croisé le nôtre. Comprendre la mondialisation actuelle à travers des grilles de lecture familières, la religion ou l'exploitation, c'est passer à côté de ce qui fait sa singularité paradoxale.

La mondialisation aujourd'hui se distingue en effet radicalement des précédentes sur un point essentiel. Elle rend difficile d'en devenir acteur, et facile d'en être spectateur. Les films, par exemple, coûtent toujours plus cher à produire et les médicaments nécessitent des recherches de plus en plus lourdes. Les premiers peuvent pourtant aussi bien être montrés dans les faubourgs du Caire qu'à Los Angeles ; les seconds soignent le corps des pauvres aussi bien que celui des riches. La nouvelle économie mondiale crée un divorce inédit entre l'attente qu'elle fait naître et la réalité qu'elle fait advenir. Jamais, par le passé, les moyens de communication, les *médias*, n'avaient forgé une telle conscience planétaire ; jamais les forces économiques n'avaient été autant en retard sur celle-ci. Pour la majeure partie des habitants pauvres de notre planète, la mondialisation reste une image, un mirage fuyant. Ce qu'on ignore pourtant trop souvent est combien cette image est forte, prégnante.

17

Rien n'illustre mieux cette proximité singulière entre les riches et les pauvres que la transition démographique. Le village des Aurès se désintègre parce qu'il est débordé par la pression démographique résultant de la baisse de la mortalité infantile. Pourtant, de manière imprévue, la transition démographique est en marche aujourd'hui dans l'immense majorité des pays pauvres. Le phénomène le plus important de l'histoire humaine est curieusement le plus méconnu, sinon des spécialistes. Partout dans le monde, et quelle que soit leur religion, les femmes égyptiennes ou indonésiennes, chinoises ou indiennes, brésiliennes ou mexicaines remettent en cause le modèle traditionnel, bouleversant les habitudes ancestrales. Le nombre d'enfants chute à une vitesse vertigineuse : de près de un enfant par femme, chaque décennie, selon l'ONU. Or, ce déclin du taux de fécondité doit peu aux forces économiques. On l'observe dans les villes comme dans les campagnes, que les femmes travaillent ou non. Il doit tout, en revanche, à la diffusion d'un modèle « culturel ». Les jeunes Chinoises veulent imiter les femmes japonaises, lesquelles envient la liberté des jeunes Américaines dont elles empruntent les manières. La diffusion de ce modèle ne signifie pas que les femmes du tiers-monde soient culturellement abruties par les *médias* occidentaux. Il est plus juste d'y voir l'adhésion à un modèle dont les femmes du monde entier se sont saisies parce qu'elles y trouvent une idée de la liberté. L'enthousiasme suscité parmi les femmes iraniennes par l'attribution du prix Nobel de la paix à Chirine Ebadi vaut de longs discours. Les frontières réputées infranchissables entre les civilisations s'avèrent en réalité bien poreuses.

Comprendre la mondialisation aujourd'hui exige que l'on renonce à l'idée que les pauvres sont abêtis ou exploités par la mondialisation. Lorsque l'Inde, qui en fut membre fondateur, et la Chine entrent à l'OMC, ce n'est pas par naïveté ou par crainte des grandes puissances industrielles ; leur attitude ferme face aux pays riches au sommet de Cancun en septembre 2003 l'a démontré. Elles n'ont aucune illusion sur la propension spontanée du capitalisme mondial à diffuser les richesses. Mais si l'histoire du XIXe siècle leur a appris que le commerce ne saurait être en soi un facteur de croissance, le XXe siècle leur a montré que le protectionnisme était une solution pire encore. Tous cherchent aujourd'hui une voie nouvelle, faite d'emprunts à l'étranger et de développement interne. C'est pour mettre le pied dans la porte de notre prospérité matérielle qu'ils s'invitent à nouveau à la table du commerce mondial.

A leur manière, tous les pays cherchent aujourd'hui à combler le divorce qui existe entre l'attente et la réalité du monde. Cela ne doit évidemment pas empêcher de porter un regard critique sur la mondialisation, ni de s'inquiéter des menaces qu'elle fait peser sur l'équilibre écologique et culturel de la planète. Mais la principale erreur à éviter est de considérer comme un fait accompli ce qui reste une attente. C'est parce qu'elle n'advient pas, et non parce qu'elle est déjà accomplie, que la mondialisation aiguise les frustrations. Se méprendre sur ce point, c'est construire la critique du monde sur un formidable malentendu.

CHAPITRE I

Naissance de l'axe Nord-Sud

La conquête du monde

La scène se passe dans la ville de Cajamarca sur le haut plateau péruvien, en 1532. Francisco Pizarro, à la tête de 168 hommes, fait face à l'Empereur inca Atahualpa. Celui-ci, monarque absolu de l'empire le plus vaste et le plus avancé du Nouveau Monde, est lui-même à la tête d'une armée forte de 80 000 soldats. Pizarro capture Atahualpa, exige et obtient le paiement d'une rançon, puis le tue. Le combat entre Pizarro et les troupes de l'Empereur défunt s'engage. Contre toute logique numérique et sur un terrain par définition peu familier, l'Espagnol l'emporte. Comment cela a-t-il été possible ? Dans l'un des livres les plus étonnants qu'il ait été donné de lire récemment, *Guns, Germs and Steel* [1], Jared Dia-

---

1. Trad. fr. : *De l'inégalité parmi les sociétés. Essai sur l'homme et l'environnement dans l'histoire*, Paris, Gallimard, 1997.

mond a posé les jalons d'une théorie qui pourrait constituer la base d'un « matérialisme écologique », à même d'expliquer l'origine, sinon la persistance, des inégalités entre les nations.

Revue des forces : Pizarro et ses hommes sont équipés d'épées et d'armures d'acier, de fusils et de chevaux alors que les troupes d'Atahualpa disposent seulement de gourdins de pierre, de bronze ou de bois, de massues, de haches et de lance-pierres ; ils n'ont aucune arme métallique.

Deuxième élément d'explication : l'Espagne de Pizarro disposait de l'écriture, ce n'est pas le cas de leur adversaire. Atahualpa était mal renseigné sur les Espagnols. Lorsque Pizarro débarque sur les côtes du Pérou, les Incas ne savent pas que la conquête de Panama, situé à 960 kilomètres au nord, s'est achevée dix-sept ans auparavant. Bien que lui-même analphabète, Pizarro a néanmoins profité des informations qui avaient permis à Cortés de s'emparer de l'Empereur aztèque Moctezuma. Comme les Aztèques, l'Empire inca reposait sur une organisation politique totalement centralisée. En capturant Atahualpa et en le mettant à mort, Pizarro désintégrait la chaîne de commandement inca.

Dernier point : les Incas n'ont pas d'animaux à jeter dans la bataille contre les chevaux de Pizarro. C'est un désavantage direct, mais qui recèle une faiblesse infiniment plus importante : l'absence de résistance aux maladies infectieuses. Or les principaux agents tueurs de l'humanité qu'ont été la variole, la grippe, la tuberculose, le paludisme, la peste, la rougeole et le choléra sont tous des maladies infectieuses développées à partir de maladies animales, même si aujourd'hui, et de manière paradoxale, elles ne concernent plus les animaux eux-mêmes. Au fil de l'histoire, les individus porteurs du gène résistant ont eu de meilleures chances de survie. Au bout du compte les populations soumises de façon répétée à un agent pathogène en ont été finalement sauvées. A la veille de la bataille contre Pizarro, une épidémie de variole décima les Incas. La variole, la rougeole, la grippe et le typhus éliminèrent à eux seuls 95 % de la population indigène pré-colombienne.

LA QUESTION DE YALI

Lorsque la conquête des mers au XVIᵉ siècle met à plat les sociétés humaines, le contraste est net entre leurs niveaux de développement techniques. L'Eurasie, c'est-à-dire l'Europe et l'Asie auxquels s'ajoute l'Afrique du Nord, se compose d'Empires ou d'Etats, parfois au seuil de l'industrialisation, qui connaissent tous le métal. Au même moment, les Aztèques et les Incas règnent sur des Empires avec des outils de pierre. L'Afrique subsaharienne est, quant à elle, composée de petits Etats ou de chefferies. Les autres peuples, qu'ils soient en Australie ou en Nouvelle-Guinée, dans les nombreuses îles du Pacifique et dans certaines parties de l'Afrique subsaharienne, vivent sous forme de tribus agricoles, et parfois aussi de bardes de chasseurs-cueilleurs, utilisant aussi des outils de pierre.

« Pourquoi est-ce vous, les Blancs, qui avez mis au point tout ce *cargo* et l'avez apporté en Nouvelle-Guinée, alors que nous, les Noirs, n'avons pas grand-chose à nous ? Une question simple, mais qui va au cœur de la vie. » Elle est posée par un homme nommé Yali au biologiste américain Jared Diamond, venu étudier l'évolution des oiseaux en Nouvelle-Guinée. Deux siècles plus tôt, les Blancs étaient arrivés, imposant un gouvernement à un peuple qui vivait dans des villages, apportant des biens dont les Néo-Guinéens reconnurent la valeur : des haches de métal, des allumettes, des médicaments, des boissons sans alcool et des parasols. En Nouvelle-Guinée, on désignait ces biens sous le nom de *cargo*. La question de Yali n'a cessé de hanter Jared Diamond. « Je n'avais pas de réponse alors, explique-t-il. Les historiens de métier ne s'accordent toujours pas sur la solution. La plupart ont même cessé de se poser la question. » Vingt-cinq ans plus tard, il s'emploie à donner une réponse. Pourquoi la richesse et la puissance sont-elles distribuées ainsi et pas autrement ? Pourquoi, par exemple, ce ne sont pas les indigènes d'Amérique, les Africains ou les aborigènes australiens qui ont décimé, asservi ou exterminé les Européens et les Asiatiques ? La réponse à ces questions commande l'idée que l'on se fait du monde et de la mondialisation, si l'on veut bien admettre que celle-ci prolonge, à sa manière, l'histoire « têtue » de l'aventure humaine [1].

L'argument raciste de la supériorité supposée de la race blanche est brillamment déconstruit par Diamond. Parlant ici sobrement à la première personne, il écrit ainsi : « Ma perspective est le fruit de trente-trois années de travail auprès des Néo-Guinéens et de mon immersion dans leurs sociétés intactes. Dès le début de mon travail avec eux, j'ai été frappé de les voir en moyenne plus intelligents, plus éveillés, plus expressifs et plus intéressés par les choses et les gens de leur entourage que l'Européen ou l'Américain moyen. » Et Diamond de suggérer deux explications. La première est d'inspiration néo-darwinienne : pour survivre dans la société traditionnelle néo-guinéenne, les individus les plus intelligents ont

---

1. Pour reprendre une formule de Jean Baechler, *Esquisse d'une histoire universelle*, Paris, Fayard, 2002.

plus de chances que les autres d'échapper à ces causes de mortalité que sont les meurtres, les guerres tribales ou tout simplement la difficulté de se procurer des vivres. Seconde explication : si le développement de l'enfant dépend de la stimulation et de l'activité au cours de la petite enfance, alors l'enfance d'un jeune aborigène est certainement plus stimulante que celle d'un enfant occidental. Dans un foyer américain, la télévision reste allumée sept heures par jour. « A l'opposé, les divertissements passifs n'ont pratiquement aucune place dans la vie des petits Néo-Guinéens traditionnels : ils passent le plus clair de leur temps en activités, à faire des choses, à bavarder et à jouer avec d'autres enfants ou avec des adultes. » A preuve, s'il en est besoin, chaque fois que l'on donne à un peuple technologiquement primitif – tels les aborigènes d'Australie et les Néo-Guinéens – les moyens de se servir d'une technique industrielle qui leur soit utile, ils n'ont aucune difficulté à la mettre rapidement en œuvre.

Une seconde réponse à la question de l'inégalité de développement, autrefois largement admise, serait donnée par le climat. Peut-être la longueur de l'hiver obligeant les gens à rester longtemps enfermés entre quatre murs les rend-elle plus prompts à penser ? Tel est le cas si l'on en croit Pascal. Mais cette explication est facile à contredire. Les peuples de l'Europe du Nord (là où il fait froid) n'ont fait quasiment aucune contribution fondamentale à la civilisation avant le dernier millénaire. Les quatre leviers fondamentaux du développement économique que sont l'agriculture, la roue, l'écriture et la métallurgie ont toutes été découvertes dans les parties les plus chaudes de l'Eurasie. Ce même constat s'observe d'ailleurs dans le Nouveau Monde : les seules sociétés américaines qui aient inventé l'écriture sont apparues au Mexique, au Sud du Tropique du Cancer, et la société généralement considérée comme la plus avancée aussi bien dans les arts qu'en astronomie n'était autre que la société maya classique du Yucatan et du Guatemala tropicaux.

Comment comprendre, dès lors, les inégalités entre civilisations ? La thèse de Diamond est nette, probante. Les écarts entre les continents ne doivent rien aux climats ou aux gènes, et tout à un facteur infiniment plus simple : la présence d'animaux capables d'être domestiqués, l'existence de plantes qui puissent être cultivées. Certaines communautés humaines ont vécu dans des régions où l'agriculture était possible, et d'autres pas [1]. L'immense

---

1. On ne dispose de la preuve formelle d'une invention indépendante que pour cinq régions : le Croissant fertile, au Moyen-Orient, la Chine, la Méso-Amérique, les Andes de l'Amérique du Sud, l'Est des Etats-Unis. Quatre autres, le Sahel, l'Afrique occidentale tropicale, l'Ethiopie et la Nouvelle-Guinée, « pourraient » également avoir été à l'origine de l'agriculture.

majorité des plantes sauvages ne se prête en effet pas à la culture. L'essentiel de la biomasse est constitué de bois et de feuilles en majeure partie indigeste. Dans le monde moderne, une petite douzaine d'espèces représente plus de 80 % du tonnage annuel des cultures. Ce sont le blé, le maïs, le riz, l'orge et le sorgho pour les céréales ; le soja pour les légumes à gousse ; la pomme de terre, le manioc et la patate douce pour les racines ou les tubercules ; la banane pour les fruits.

Le Croissant fertile du Proche-Orient, à l'origine de toute la chaîne de développement que furent les villes, l'écriture, puis les Empires, est d'abord une région où les céréales sont tout simplement très productives. En Nouvelle-Guinée, à l'autre bout de la chaîne, la production alimentaire s'est vite trouvée restreinte par l'absence de céréales cultivables et d'animaux. Comme en témoigne l'adoption enthousiaste de la patate douce, les habitants de ces régions sont parfaitement capables de reconnaître les ajouts utiles à leur régime. En Amérique du Nord, les indigènes n'avaient ainsi nullement négligé des cultures potentiellement utiles parmi les espèces sauvages, mais « même les phytogénéticiens du XXe siècle, armés de toute la puissance de la science moderne, n'ont guère réussi à exploiter les plantes sauvages d'Amérique du Nord ».

Les animaux donnent un autre exemple frappant

de l'idée de Diamond. Si l'on compte tous les « gros » mammifères (ceux qui pèsent plus de 45 kg), on n'en dénombre sur toute la planète que quatorze espèces domestiquées avant le XXe siècle, neuf « mineures » (c'est-à-dire à rayon de diffusion limitée) et cinq seulement proprement universelles susceptibles d'être exportées. Les cinq espèces à s'être répandues à travers le monde sont la vache, le mouton, la chèvre, le cochon et le cheval [1]. L'histoire du cheval, qui est aux civilisations du passé ce que fut le chemin de fer aux sociétés industrielles, corrobore parfaitement cette théorie. Le cheval est domestiqué dans les steppes au nord de la mer Noire autour de 4000 av. J.-C. Il n'est présent qu'en Eurasie ; les premiers Américains par exemple n'en ont jamais vu. Il suffit pourtant d'une seule génération aux indigènes d'Amérique du Nord et du Sud pour adopter les chevaux en s'emparant des animaux échappés des colonies de peuplement européennes. Le cheval a été le principal agent de l'expansion, à partir de l'Ukraine, des populations de langue indo-européennes, lesquelles ont fini par se substituer aux langues ouest-européennes antérieures, à l'exception du basque. Lorsque les chevaux ont été attelés à des chars de combat, autour de 1800 av. J.-C., ils

---

1. Les premiers pasteurs africains ont ainsi pris un immense avantage sur les chasseurs-cueilleurs, qu'ils ont rapidement évincés.

ont révolutionné l'art de la guerre au Proche-Orient [1]. En Afrique de l'Ouest, l'arrivée du cheval domestique a transformé la région en un ensemble de royaumes tributaires de la cavalerie. S'il ne s'est pas répandu au-delà, c'est parce que le trypanosome transmis par la mouche tsé-tsé l'en a empêché. Les zèbres, si proches en apparence du cheval, ne se prêtent absolument pas à la domestication. Ils sont d'un caractère naturellement ombrageux, ont tendance à mordre, et deviennent terriblement mauvais en vieillissant...

---

1. En 1647 av. J.-C., les chevaux ont permis à un peuple totalement étranger, les Hyksos, de conquérir l'Egypte qui en était alors dépourvue. Pendant cinq siècles ce peuple a imposé ses dynasties à l'Empire égyptien avant d'être brutalement détrôné. Plus tard encore, les selles et les éperons permirent aux Huns de terroriser l'Empire romain et ses successeurs.

L'axe Nord-Sud

La plupart des innovations venues du Croissant fertile se sont propagées dans le Sud jusqu'aux montagnes fraîches d'Ethiopie. Puis elles se sont arrêtées. Le climat quasi méditerranéen de l'Afrique du Sud aurait pourtant parfaitement convenu aux cultures du Proche-Orient. Mais, pour se diffuser, celles-ci auraient dû franchir l'obstacle de taille qu'est le Sahara. Au sud du Sahara, les plantes cultivées sont donc restées les plantes locales, le sorgho, les ignames africains. L'essor vers le sud des animaux domestiques a été ralenti ou empêché pour la même raison. La progression du bétail, des moutons et des chèvres a ainsi stagné pendant près de deux mille ans à la lisière nord des plaines du Serengeti. Le même processus se vérifie en ce qui concerne l'axe Nord-Sud des Amériques. La distance entre l'Amérique centrale et l'Amérique du Sud n'excède pas 1 900 kilomètres, à peu près celle qui sépare la Mésopotamie des Balkans. Ceux-ci reçurent pourtant en moins de deux mille ans toutes les espèces domestiquées en Mésopotamie auxquelles ils ont offert des conditions climatiques idéales. De la même façon, les hautes et fraîches terres du Mexique convenaient parfaitement à l'élevage des lamas et des cobayes ou à la culture des pommes de terre, tous présents dans le climat frais des Andes en Amérique du Sud. Leur progression vers le nord a cependant été stoppée par les plaines chaudes de l'Amérique centrale. Cinq mille ans après la domestication des lamas dans les Andes, les sociétés indigènes du Mexique ne disposaient d'aucun mammifère comestible en dehors du chien.

Une dimension naturelle essentielle explique donc la différence entre l'Eurasie et les autres continents. L'Eurasie est dominée par un axe Est-Ouest alors que les Amériques ou l'Afrique se développent selon un axe Nord-Sud. Or l'axe Est-Ouest se développe, par définition, sur une même latitude, ce qui veut dire que les régions partagent les mêmes variations saisonnières. Le rythme de propagation des inventions touchant à l'agriculture y est par conséquent beaucoup plus rapide. L'Italie du Sud, l'Iran et le Japon ont beau être distants de 6 400 kilomètres, dans la mesure où ils sont situés à la même latitude, l'agriculture y possède des caractéristiques climatiques communes. A l'époque du Christ, les céréales originaires du Croissant fertile poussaient sur une longueur de 16 000 kilomètres de l'Irlande au Japon ! Peu après sa découverte vers 8000 av. J.-C., l'agriculture s'est propagée vers la Grèce, Chypre et le sous-continent indien vers 6500 av. J.-C., l'Egypte vers 6000 av. J.-C., l'Espagne méridionale en 5200 av. J.-C., l'Angleterre vers 3500 av. J.-C. Sa propagation a été suivie par d'autres innovations du Croissant fertile : la roue, l'écriture, la métallurgie, les arbres fruitiers, la bière et le vin.

Diamond anticipe la critique qu'on ne peut manquer de lui adresser : l'histoire humaine ne serait-elle que le développement mécanique de dotations écologiques ? Les êtres humains ne sont-ils que des robots passifs et sans ressources, programmés par le climat, la faune et la flore ? La mondialisation se limite-t-elle à une manifestation imprévue de phénomènes naturels ? « Ces craintes, répond-il, sont bien entendu hors de propos. Sans l'inventivité des hommes, nous en serions encore tous à découper la viande avec des outils de pierre et à la manger crue... Le fait est simplement que certains environnements offrent plus de matériaux de départ que d'autres. » Diamond pousse en fait plus loin son avantage conceptuel. Il note que bon nombre de découvertes fondamentales n'ont été inventées qu'une seule fois. C'est le cas de « la roue à aube, la meule, l'engrenage, le compas magnétique, le moulin à vent et la chambre noire... », l'invention la plus géniale étant de loin celle de l'alphabet, dont il semble bien qu'il ne soit apparu qu'une seule fois dans toute l'histoire humaine ! Elle est due à des locuteurs de langues sémitiques, vivant dans une région comprise entre la Syrie moderne et le Sinaï, au cours du deuxième millénaire avant notre ère. Les centaines d'alphabets qui ont existé ou existent encore aujourd'hui sont tous dérivés de cet alphabet sémitique ancestral. En montrant que les plus grandes inventions sont rares, voire uniques, Diamond suggère que le hasard des découvertes de l'esprit tient ici aussi un rôle au moins aussi important que celui joué par le hasard écologique. L'alphabet n'était pas « nécessaire » aux sociétés agricoles, pas davantage que ne l'était le cheval : le génie humain, dans tout ce qu'il a d'imprévisible, est seul en cause...

LA TYRANNIE DES AUTRES

Une leçon simple de ce travail fascinant est que la « mondialisation » fait tout simplement partie depuis toujours de l'histoire humaine. La diversité des cultures, qu'elle résulte des hasards de l'écologie ou de l'esprit humain, rend irrépressibles, dès l'origine, les apports et les emprunts croisés entre

les civilisations. Seuls les mers et les déserts semblent faire durablement obstacle à cette marche
têtue. Dans un article du *Quarterly Journal of
Economics* de 1993, qui eut un certain retentissement parmi les économistes, Michael Kremer avait
déjà noté qu'à l'heure des grandes découvertes du
XVIe siècle, les territoires les plus vastes étaient
paradoxalement plus densément peuplés que les
plus petits [1]. L'Eurasie compte ainsi davantage
d'habitants au kilomètre carré que l'Amérique,
laquelle en compte davantage que l'Australie,
l'Australie que la Tasmanie et ainsi de suite. Armés des théories que nous venons d'exposer, nous
comprenons mieux pourquoi. Les vastes territoires
disposent d'une variété écologique qui leur permet
de créer un processus autocatalytique : plus de
population, plus d'inventions, plus de population...
Michael Kremer en tirait un constat encourageant
du point de vue de la « mondialisation ». Plus un
territoire est vaste – on dirait aujourd'hui plus un
marché est vaste –, plus ce phénomène autocatalytique, que les économistes désignent sous le

---

1. Michael Kremer, « Population Growth and Technological
Change : 1 000 000 BC to 1990 », *Quarterly Journal of Economics*, août 1993. L'article de Kremer n'est toutefois pas cité par
Diamond. Le livre de Diamond en revanche n'est pas passé
inaperçu parmi les économistes. On pourra lire la revue qu'en
donne Brad DeLong, économiste historien, sur son site
http ://econ161.berkeley.edu, où l'on trouvera également un
commentaire de Joel Mokyr, spécialiste des techniques.

nom de « croissance endogène », a de chances de
se produire.

Rien ne permet pourtant d'y voir une victoire du
bien sur le mal. Les sociétés « en avance » ne sont
pas plus « heureuses » que celles qu'elles délogent.
La vie en Chine n'est pas plus heureuse que la vie
à Tahiti. C'est la démographie, la densité de la
population, qui y sont beaucoup plus fortes. Tahiti
pratique l'infanticide à grande échelle, les Chinois
ont, au contraire, découvert les moyens de nourrir
une population abondante. Cela ne fonde nullement la supériorité du second modèle sur le premier, mais rend indiscutablement la seconde civilisation plus menaçante que la première. Ce n'est
pas par la persuasion mais plus souvent par la
destruction que les sociétés agraires remplacent les
sociétés de chasseurs-cueilleurs qu'elles rencon-
trent. Quand une invention comme le cheval ou
l'écriture se présente, elle est soit adoptée par la
société qui y est confrontée, soit celle-ci est rapidement anéantie par les sociétés qui s'en emparent.
On apprend toutefois de Diamond une autre leçon
sur la manière dont s'est diffusée la « richesse ».
La densité des sociétés « en avance » leur permet
de développer les anticorps aux virus qu'elles ont
elles-mêmes créés, et de décimer les autres. Plus
une société est complexe, plus elle détruit sur son
passage les sociétés moins avancées, en vertu du
fait qu'elle a immunisé ses membres contre les

effets pervers du système technique qu'elle a elle-même produit. La tragédie des Aurès ne s'explique pas autrement. Les colonisateurs, même lorsqu'ils croient bien faire, apportent des réponses à des questions qui ne se posaient pas. Ce faisant, ils créent aussi les problèmes auxquels ces réponses étaient destinées. Ce constat n'enlève rien à la portée révolutionnaire de l'apparition du riz ou du blé, du cheval ou de l'alphabet. Apprendre que les Indiens d'Amérique, qu'on ne peut imaginer autrement qu'à cheval, ne l'ont découvert que grâce à Christophe Colomb laisse déjà pantois. Le fait que les Indiens n'aient pas succombé à la civilisation du cheval mais bien davantage aux maladies que celui-ci véhicule est tout simplement stupéfiant.

Une première leçon pourrait donc s'énoncer ainsi : toutes les sociétés humaines sont, dès l'origine, soumises à ce qu'on pourrait appeler « la tyrannie des autres ». Claude Lévi-Strauss montre, dans un autre contexte, comment les mythes ont bien souvent une matrice commune, laquelle se rapporte au regret d'un âge d'or qui s'éloigne ou à l'attente d'un temps messianique. « Aux deux bouts du monde, aux deux extrémités du temps, le mythe sumérien de l'âge d'or et le mythe andaman de la vie future se répondent, rejetant dans un futur ou dans un passé hors d'atteinte la douceur éternellement déniée à l'homme social d'un monde où l'on pourrait vivre *entre soi* [1]. » C'est bien ce monde « entre soi » qui est constamment dénié à l'homme dès l'origine.

La transposition de ces questions à celles qui sont posées par « notre » mondialisation semble aller de soi. Les sociétés moins avancées que les nôtres ne sont pas immunisées contre les effets pervers de notre monde technique. Le capitalisme, pour autant, ne serait pas particulièrement coupable. Dans les termes particuliers qu'il imprime, n'est-ce pas l'histoire éternelle de l'humanité qui se poursuit ? Question complexe et passionnante, mais qui n'est pourtant pas la première qui se pose. Car le paradoxe central de la mondialisation ne tient pas dans le fait qu'elle propage trop vite ou trop brutalement ses effets. A l'échelle de temps, il est vrai courte, du capitalisme, ce qui frappe est bien davantage sa faible capacité à diffuser le progrès technique dont il est porteur, que sa propension inverse à l'imposer partout.

---

1. Claude Lévi-Strauss, *Les Structures élémentaires de la parenté*, PUF, 1949, rééd. Mouton, 1967 (cité par Catherine Clément, *Claude Lévi-Strauss*, PUF, coll. Que sais-je ?, 2002).

CHAPITRE II

D'une mondialisation, l'autre

America, America

Rien ne paraît plus favorable à la diffusion des savoirs, des techniques qu'un monde où les distances seraient abolies, où chacun pourrait communiquer sans difficulté avec qui il voudrait. La validité de cette idée, qui semble caractériser notre mondialisation, est déjà en partie réfutée, dans les livres d'histoire. La révolution des communications, présentée aujourd'hui comme la grande nouveauté du XXIe siècle, s'est en effet déjà produite une première fois au XIXe siècle. Le télégraphe, le chemin de fer, le téléphone ont, en leur temps, bouleversé les distances de manière beaucoup plus radicale qu'Internet aujourd'hui. A l'époque de l'Empire romain, le temps moyen pour qu'une information passe de Rome à Alexandrie était de une heure par kilomètre. Au XVIIIe siècle il fallait encore 4 jours pour qu'une lettre parvienne de Londres à un destinataire situé à une distance de 300 kilomètres. A partir de 1865, Londres et Bombay sont reliés par des câbles sous-marins et terrestres. Une information prend alors 24 heures pour être transmise d'un bout à l'autre de la chaîne. A la fin du XIXᵉ siècle, Bombay, Calcutta, Madras, Shanghaï, Hong Kong sont connectées à Londres à un coût qui n'est pas substantiellement plus élevé que celui qui devait être payé pour envoyer un message de Londres à Edimbourg. Si l'ère des conquistadores marque le premier acte de la mondialisation moderne, le second se joue au XIXᵉ siècle, dans les comptoirs anglais.

Une première liaison transatlantique régulière est inaugurée en 1838. Une innovation fondamentale, le réfrigérateur, permet d'exporter vers l'Europe, à partir de 1871, du bœuf congelé en provenance des Etats-Unis ou d'Argentine. A partir de 1876, on exporte aussi du beurre néo-zélandais. Le canal de Suez est ouvert le 17 novembre 1869, réduisant de moitié la distance entre Londres et Bombay. L'intégration des marchés financiers et des marchés de matières premières est quasiment parfaite. K. O'Roorke et J. Williamson ont calculé par exemple qu'en 1870 le prix du blé à Liverpool reste de 57 % supérieur aux prix affichés à Chicago alors qu'en 1913 l'écart n'est plus que 15 % [1].

---

1. K. O'Roorke et J. Williamson, *Globalization and History*, Cambridge, MIT Press, 1999.

De même le prix du coton est de 60 % plus cher à Liverpool que celui affiché à Bombay en 1870. La différence tombe à moins de 20 % en 1913. On pourrait multiplier les chiffres : le prix du riz variait du simple au double entre Rangoon et Londres en 1870, l'écart n'est plus que de 20 % en 1913. En matière de taux d'intérêt, de mobilité financière, les résultats sont tout aussi spectaculaires. « Quel extraordinaire épisode dans les progrès de l'humanité que celui qui s'est interrompu en 1914 ! L'habitant de Londres peut commander par téléphone, tout en buvant son thé le matin, toute la variété des produits du monde [1]... » Cette phrase écrite par Keynes au lendemain de la Première Guerre mondiale illustre l'enthousiasme pour un monde aux dimensions nouvelles. Mais c'est celui d'un Anglais. Le versant Sud est très différent. Deux histoires totalement divergentes s'écrivent en effet au XIXe siècle. Celle, pour simplifier, de l'habitant de Londres qui passe ses ordres au téléphone, et celle des peuples auxquels ses commandes sont adressées. Deux axes totalement différents de mondialisation vont se dessiner. Un axe Nord-Nord principalement porté par la mobilité des personnes et qui va favoriser la convergence des niveaux de vie ; et un axe Nord-Sud que définit

---

1. J. M. Keynes, *Les Conséquences économiques de la paix*, Paris, Gallimard, coll. Tel, 2002.

le commerce des marchandises et qui accélérera la divergence des destins.

Le premier axe est ouvert par la formidable migration de masse à destination des nouvelles terres de peuplement que deviennent des pays comme les Etats-Unis, le Canada, l'Argentine ou l'Australie. Dans son beau film *America, America,* Elia Kazan raconte les souffrances que dut endurer son oncle pour quitter son village turc et rejoindre New York où, gagnant sa vie comme cireur de chaussures, il put ensuite faire venir sa famille [1]. En chemin de fer ou en bateau à vapeur, des millions de personnes ont traversé le monde. Les Chinois ont parcouru l'Asie et atteint la Californie. Les Indiens se sont embarqués vers l'Afrique et les Caraïbes. La Suède, l'Irlande, le sud de la péninsule Italienne ou l'Europe de l'Est ont envoyé en masse des émigrés vers les Etats-Unis. Au total, ce sont presque 60 millions d'Européens qui ont quitté le Vieux Continent surpeuplé pour gagner les terres abondantes du Nouveau Monde. Aucune autre migration dans l'histoire du monde ne se compare

---

1. Les migrations se sont élevées à 300 000 personnes par an au début du XIXe siècle, pour culminer à près de un million par an au début du XXe siècle. Presque 30 % des émigrants finlandais ont ainsi voyagé avec des tickets pré-payés par leur famille déjà installée sur place. Ce fut le cas de 50 % des Suédois, 40 % des Norvégiens.

à celle qu'a connue le XIXe siècle, si l'on excepte toutefois la migration forcée des quelque 8 millions d'esclaves africains vers les Amériques et les Caraïbes, dont la mobilité n'est pas de même nature... Le caractère massif de l'esclavagisme est tel qu'il faut néanmoins attendre 1840 pour que les flux de la nouvelle vague d'émigration dépassent ceux de la précédente [1].

Cette mobilité des personnes, qui est la marque du XIXe siècle, a pour origine le grand déracinement de l'exode rural. Comme une dent arrachée à sa mâchoire, l'espèce humaine interrompt brutalement – en quelques décennies dans le cas extrême de l'Angleterre, plus lentement, sur un siècle, pour les autres pays industrialisés – les dix mille ans de sédentarité rurale qui se sont écoulés depuis l'invention de l'agriculture. L'Ancien Monde est riche en hommes et pauvre en terres. La France est « pleine comme un œuf » dès le XVIIe siècle pour reprendre l'expression d'E. Le Roy Ladurie. Les hommes émigrent vers le Nouveau Monde où la situation est exactement inverse. L'influence de ces migrations a été considérable, à la fois pour les pays d'origine et les pays de destination. Le prix de la terre s'effondre en Europe, il explose dans les nouvelles terres de peuplement tandis que les

---

1. Sur tous ces points, on se reportera au livre de K. O'Roorke et J. Williamson, *Globalization and History, op. cit.*

salaires suivent un mouvement rigoureusement opposée [1]. Selon les travaux de O'Roorke et Williamson, cette mobilité des personnes explique l'essentiel de la convergence de revenus qui s'esquisse entre les pays à la périphérie de l'Europe, tels l'Irlande ou la Suède, et le pays à l'époque le plus riche du Continent, l'Angleterre.

Si le parallélisme entre la mondialisation présente et celle du siècle passé est tentant, on tient ici une différence fondamentale qui rend en partie périlleuse la comparaison entre les deux. La mondialisation d'aujourd'hui est « immobile ». Les marchandises s'échangent aux quatre coins de la planète, mais c'est à la télévision, ou pendant les quelques semaines de vacances des touristes venus des pays riches, qu'on rencontre les autres peuples. La mondialisation d'hier était très différente, du

---

1. Entre 1870 et 1910, le prix de la terre australienne augmente de 400 % ; aux Etats-Unis, il grimpe de 250 %. Pendant la même période, la valeur de la terre baisse d'environ 50 % en France et en Angleterre. Pour les deux pays où elle atteint des proportions les plus considérables, l'Irlande et la Suède, les migrations expliquent, à elles seules, l'évolution du salaire ouvrier. Les salaires irlandais croissent de 85 % entre 1870 et 1913, les salaires suédois de 250 %. Les jugements qui furent portés à l'époque sur les mouvements migratoires ne sont pas sans écho avec les débats contemporains. On a alors craint que l'émigration ne prive les pays sources de leurs meilleurs éléments, rendant inexorable leur retard économique. Incapables de s'industrialiser, notamment parce que leur marché intérieur était trop petit pour bénéficier des économies d'échelle, ces pays étaient condamnés au déclin. Voir O'Roorke et Williamson, *op. cit.*

moins en ce qui concerne les nouvelles terres de peuplement européen. Elle portait non sur les choses ou les images mais principalement sur les personnes, qui quittaient physiquement, « réellement » et non « virtuellement », un monde pour un autre. On estime ainsi à 10 % le chiffre de la population mondiale formée d'immigrés en 1913. Le chiffre aujourd'hui est trois fois moindre.

La mobilité des hommes entraîne dans son sillage celle du capital. Les ordres de grandeur sont à nouveau hors de proportion par rapport à la mobilité actuelle du capital. Si l'on mesure par exemple la part de l'épargne britannique investie à l'étranger, on aboutit à des chiffres qu'on jugerait aujourd'hui ahurissants. A la veille de la Première Guerre mondiale, la moitié environ de l'épargne anglaise se trouve investie outre-mer. A la même époque, la France exporte un quart de son épargne. La destination du capital anglais est presque pour moitié formée du Canada, de l'Australie, de la Nouvelle-Zélande et des Etats-Unis. A l'inverse, le pays le plus peuplé du Commonwealth, l'Inde, ne reçoit que la portion congrue des capitaux anglais [1]. La nature des investissements confirme le parallélisme avec le mouvement des hommes. Les inves-

---

1. En 1913, selon Alan Taylor, la moitié du capital argentin est détenue par des investisseurs étrangers ; c'est aussi le cas de 40 % du capital canadien, de 20 % du capital australien, du quart du capital des Etats-Unis.

tissements anglais financent en effet pour l'essentiel les grandes infrastructures, notamment les nouvelles lignes de chemin de fer, dont les terres d'émigration ont besoin pour accueillir la main-d'œuvre européenne. Pour les théoriciens de l'époque comme Rosa Luxemburg, l'exportation de capital apparaît comme l'une des conditions d'existence du capitalisme. Pour certains historiens actuels, une partie du déclin britannique tient en revanche à cet attrait de la City pour les placements étrangers, qui priveront l'Angleterre des fruits de son épargne. En toute hypothèse, la comparaison avec la situation actuelle est étonnante. L'ampleur des flux de capitaux ou de main-d'œuvre est beaucoup plus limitée aujourd'hui. Ce qui fait dire à certains économistes que la mondialisation d'aujourd'hui est en réalité de bien moindre ampleur que celle du XIXᵉ siècle.

La division internationale du travail

Ce qui rend la mondialisation du XIXe siècle si inquiétante aux yeux de ceux qui l'ont analysée est le fait qu'elle ait permis à l'Europe de poursuivre son travail d'asservissement du reste de la planète. Au cœur du débat actuel sur les effets de la mondialisation, se pose la question des raisons pour lesquelles les grandes civilisations eurasiennes du passé – l'islam, l'Inde ou la Chine – ont si brutalement perdu pied vis-à-vis de l'Europe, alors même que de « nouveaux venus » – telles l'Amérique du Nord ou l'Australie – pourtant si loin du « centre », connaissaient une croissance fulgurante.

Pendant toute la première moitié du XIXe siècle, l'Inde a été administrée par une compagnie privée, la Compagnie des Indes orientales, ce qui est peu banal dans l'histoire des civilisations. Pour ceux, parmi les économistes, qui attribuent les problè-

51

mes du tiers-monde à une mauvaise « gouvernance », on tient ici un formidable test, grandeur nature, des effets d'une administration privée sur la richesse d'un pays. La Compagnie devra certes passer la main à la Couronne britannique au milieu du XIXe siècle, mais l'expérience n'en sera que plus parfaite. Le libre commerce sera laissé à sa transparence de cristal, toute barrière, tarifaire ou autre, étant prohibée. Un contrat signé à Bombay aura la même valeur qu'un contrat signé à Londres. Qu'advient-il de l'économie indienne sous l'effet du libre-échange le plus pur ? Le résultat est accablant. L'écart de richesse entre un Indien et un Anglais est multiplié par cinq, passant de 1 à 2 en 1820 à 1 à 10 en 1913. Que s'est-il produit ?

Le grand théoricien des échanges internationaux, David Ricardo, expliquait que le commerce entre les nations est à l'image du commerce entre les personnes : il pousse à la division du travail. Un individu normalement constitué exerce un seul métier. On est boulanger ou cordonnier et rarement les deux à la fois, même si l'on peut parfaitement avoir des prédispositions pour les deux carrières. Appliqué à l'échelle des nations, ce principe explique, selon Ricardo, qu'un pays doive choisir le secteur où il excelle, non pas dans l'absolu, mais relativement aux autres options qui s'offrent à lui. A l'aube du XIXe siècle, ce choix paraît clair. L'Angleterre doit se spécialiser dans l'industrie, et notamment l'industrie textile, où elle est en avance sur les autres nations. Celles-ci, doivent, en toute logique, faire le choix exactement inverse qui consiste à se « désindustrialiser » et à se spécialiser dans les secteurs, agricoles ou miniers, où elles disposent, vis-à-vis de l'Angleterre, d'un avantage comparatif. C'est effectivement ce qui advint. L'industrie textile indienne représentait, comme dans toute société traditionnelle, entre 65 à 75 % de l'ensemble des activités manufacturières du pays. Les textiles indiens, notamment les calicots, très prisés à Londres, représentaient, au début du XIXe siècle, jusqu'à 70 % des exportations totales de l'Inde. Dans la première moitié du XIXe siècle, la Compagnie des Indes orientales interdit à l'Inde de rivaliser avec les firmes anglaises sur le territoire britannique. Avec la consolidation de l'avantage industriel de l'Angleterre et le libre-échange qui prévaut dans la seconde moitié du siècle, les textiles anglais affluent vers l'Inde, et détruisent entièrement l'artisanat local [1]. L'Inde perd alors pied dans le domaine industriel, et se spécialise dans les produits où elle dispose bel et bien d'avantages comparatifs : le jute, l'indigo ou l'opium, ce dernier

---

1. Vers la fin du siècle, de 55 à 75 % de la consommation intérieure indienne de textile était importée selon Paul Bairoch in *Mythes et Paradoxes de l'histoire économique, op. cit..*

53

produit étant destiné à la Chine à qui l'on demandera du thé... C'est de cette expérience traumatisante que naîtra l'immense ressentiment des pays pauvres à l'endroit de la « division internationale du travail ». Pour s'enrichir, il leur semblera aller de soi, au regard de l'histoire, qu'il faille d'abord s'industrialiser. Et pour ce faire, face à un rival aussi dangereux que l'Angleterre, les protections commerciales paraissent s'imposer aussi. C'est d'ailleurs la voie que choisissent spontanément l'Allemagne, les Etats-Unis ou la France au moment de s'engager dans le processus d'industrialisation. Au moment de l'Indépendance, l'écrasante majorité des pays « en voie de développement » s'engageront à leur tour, comme un fait évident, dans la voie du protectionnisme.

L'ÉCHANGE INÉGAL

L'identification mécanique de l'agriculture à la pauvreté et de l'industrie à la richesse, qui allait hanter les pays du tiers-monde, fait toutefois l'impasse sur l'Australie, la Nouvelle-Zélande ou le Danemark, pays agricoles qui se sont pourtant hissés au niveau de revenu des pays les plus industrialisés. Comment comprendre que « l'Angleterre ruine l'Inde quand elle en fait son fournisseur de coton, mais enrichisse l'Australie quand elle en fait son magasin de laine [1] » ? Pourquoi, dans les cinq anciennes colonies britanniques que sont les Etats-Unis, le Canada, l'Australie, la Nouvelle-Zélande et l'Afrique du Sud, les quatre premières figurent-elles parmi les pays les plus riches du monde, tandis que seule la dernière est demeurée pauvre ? Une réponse affreusement cynique vient à l'esprit : dans un cas, on a exterminé les indigènes, dans l'autre on les a conservés et exploités à bas prix. Dans le premier cas, on a donné aux Blancs les moyens d'être riches, dans l'autre on a seulement cherché à utiliser les Noirs. Comme dit un vieux dicton sud-africain : « Rien ne change si peu que le salaire de l'homme noir. » Nul n'a été aussi loin dans la tentative de suivre cette intuition dans toutes ses implications qu'Arrighi Emmanuel, dans un livre intitulé *L'Echange inégal* [2], qui eut en son temps un retentissement considérable.

Ce n'est pas le fait qu'ils soient (mal) spécialisés dans une tâche ou dans une autre qui explique la pauvreté des pays du tiers-monde, mais exactement l'inverse, selon Emmanuel : c'est parce qu'ils sont pauvres et dominés qu'on les exploite dans des tâches ingrates. Le scandale parmi les économistes marxistes, qui allait accueillir la

---

1. Arrighi Emmanuel, *L'Echange inégal*, Paris, Maspero, 1969.
2. *Ibid.*

publication du livre d'Emmanuel, tient moins au constat qu'aux conséquences qu'il devait en tirer. Si l'ouvrier du tiers-monde est exploité, ajoute-t-il en effet, il semble que le mobile du crime désigne les coupables : les capitalistes. Or les calculs présentés par Emmanuel, et qui seront confirmés beaucoup plus tard par les économistes de toutes tendances, sont sans équivoque. Il n'y a aucune preuve convaincante que les profits du capital soient supérieurs dans les pays pauvres à ceux que l'on observe dans les pays riches. Loin d'observer d'ailleurs une tendance des capitaux internationaux à affluer vers le Sud, on observe que les capitaux ont bien davantage tendance à quitter le Sud pour aller vers le Nord. Ce qui pose une question redoutable. S'il y a exploitation des « nations prolétaires », mais que celle-ci ne se retrouve pas dans les profits du capital, où la plus-value a-t-elle bien pu passer ? Autre façon de se demander : à qui profite l'exploitation du tiers-monde ?

La solution offerte par Emmanuel est directe. Si le coût du travail est beaucoup plus bas au Sud qu'au Nord et que les taux de marge sont identiques, il n'y a, d'un point de vue comptable, qu'une seule issue. Il faut que la marchandise fabriquée au Sud soit vendue à très bas prix. Qui en profite ? Il ne reste qu'un coupable possible : le consommateur final, c'est-à-dire celui des pays riches, c'est-à-dire encore (puisque les taux de marge ne bougent pas) les ouvriers du Nord ! La réponse donnée par Emmanuel est donc simple : par l'échange international, « un ouvrier du Michigan peut acheter par une heure de son travail le produit d'une journée entière de son collègue vivant au Sud ». C'est la classe ouvrière des pays riches qui exploite la classe ouvrière des pays pauvres. Découverte qu'Emmanuel met en regard d'une citation d'Engels : « Le prolétariat anglais est de plus en plus bourgeois... Pour une nation qui exploite le monde, cela est compréhensible en un sens [1]. »

Pourquoi les salaires dans les pays riches sont-ils si élevés, alors qu'ils sont si faibles dans les pays pauvres ? La réponse est à nouveau directe. Au Nord, la lutte des classes a tourné à l'avantage des ouvriers, ce qui n'est pas le cas au Sud. « L'issue de la négociation collective ou individuelle en général entre salariés et patrons dépend

---

1. Cette thèse fit bondir Charles Bettelheim, directeur de la série « Economie et socialisme » chez Maspero, qui publia l'ouvrage. Bettelheim s'y prit à deux fois, dans une préface et dans une postface, pour attaquer cette thèse, la qualifiant dans son introduction de « petite-bourgeoise » (en ajoutant que cette terminologie n'a rien de « péjoratif » : « Elle vise, dit-il, à mettre en rapport une notion idéologique et une position sociale »...) et en précisant en postface qu'elle brise le fondement de l'internationalisme prolétarien, qu'elle est insensible à la coupure épistémologique inaugurée par Marx qui fixe la « contradiction fondamentale du capitalisme au niveau de la lutte des classes, celle qui oppose prolétariat et bourgeoisie » et non évidemment celle qui opposerait prolétariat du Nord et prolétariat du Sud...

dans une grande mesure du rapport des revendications ouvrières à ce que la société considère, *à un certain endroit et un certain moment*, comme la norme des salaires, à un certain acquis, qui est lui-même le résultat de luttes et d'évolutions passées. » Et il ajoute : « Une fois qu'un pays a pris une avance, par un accident historique quelconque, ne fût-ce qu'en raison d'un climat plus dur ayant créé des besoins supplémentaires à l'homme, ce pays commence, par le truchement de l'échange inégal, à faire payer l'excédent de ses salaires aux autres pays. » En d'autres termes, ayant plus d'exigences pour des raisons données par l'histoire et confortées par le mouvement syndical, les ouvriers du Nord peuvent s'organiser pour faire payer, à travers le commerce international, ceux du Sud.

Il faut donc inverser la manière dont on pose habituellement le problème du commerce mondial. Ce n'est pas parce qu'elle exporte du bois que la Suède a le plus haut niveau de vie d'Europe. Il faut dire au contraire que le bois est cher parce qu'il est produit dans un pays où la classe ouvrière – à la suite de circonstances historiques et politiques données – a réalisé des conquêtes sociales remarquables. A la question de savoir pourquoi, des cinq anciennes colonies anglaises, seule l'Afrique du Sud est restée pauvre, Emmanuel répond que l'explication procède directement de sa théorie. En Afrique du Sud, la main-d'œuvre est demeurée indigène, prolétariat des Blancs relégué dans les ghettos. « Supposons, ajoute-t-il avec une ironie cruelle, que demain les Sud-Africains exterminent les Bantous au lieu de les employer comme ouvriers à bas salaires et les remplacent par des colons blancs à hauts salaires. Il y aura certes, dans la mesure où l'opération se fera plus ou moins brutalement, des bouleversements, des faillites, des frictions de conversion et d'ajustement, une période transitoire très difficile à passer, mais le résultat final sera un bond en avant de l'Afrique du Sud [1]... »

Cette théorie est évidemment un anathème absolu. Mal comprise, elle peut précipiter, et a de fait précipité, bon nombre de pays qui ont essayé

---

1. La liste donnée par Emmanuel pour étayer sa thèse est fascinante. « La Nouvelle-Zélande ou l'Australie, indique-t-il, sont tout autant exportateurs de produits "primaires" que le Niger ou la Colombie. Le cuivre de la Rhodésie ou du Congo, et l'or de l'Afrique du Sud ne sont pas plus primaires que le charbon, qui étaient encore hier un des principaux produits d'exportation anglais. Le sucre est à peu près aussi "manufacturé" que le savon ou la margarine et certainement plus "manufacturé" que le whisky d'Ecosse ou les grands vins de France. Le café, le cacao et le coton doivent subir, avant d'être exportés, un usinage aussi important, sinon plus important que le bois de Suède ou du Canada. Le pétrole exige des installations aussi coûteuses que l'acier. Les bananes ou les épices ne sont pas plus primaires que la viande ou les produits laitiers. Pourtant, conclut-il, les prix des uns baissent, ceux des autres montent, et la seule caractéristique commune des uns et des autres c'est qu'ils sont respectivement les produits des pays pauvres et ceux des pays riches. »

d'accroître unilatéralement les salaires dans le précipice de l'inflation, du déficit de leur balance des paiements et de la crise financière. Il y a pourtant, au cœur de l'intuition d'Emmanuel, un diamant à ne pas jeter. « Tout se passe comme si, écrit-il, à la place des forces centrifuges prévues par la science économique pour diffuser le progrès du centre à la périphérie, des forces centripètes imprévues avaient agi, aspirant toutes les richesses vers certains pôles de croissance. » Si l'on excepte le fait que la « science économique » a depuis changé d'avis, le jugement reste impérial.

Retour sur le colonialisme

Arrighi Emmanuel décrit les relations entre le
Nord et le Sud comme un rapport économique, un
rapport d'exploitation. Ce faisant, même s'il s'en
défend, il répète les mêmes erreurs que celles
commises à propos du colonialisme, que l'on a
également présenté comme un moyen pour les
puissances coloniales d'exploiter les peuples colonisés. Un premier fait contredit pourtant la théorie selon laquelle le colonialisme aurait été un
facteur significatif de la richesse occidentale : les
puissances coloniales ont toutes connu une croissance plus lente que les puissances non coloniales.
« La corrélation est presque parfaite [1] » selon Paul
Bairoch. L'Allemagne ou les Etats-Unis, tard
venus sur la scène coloniale, ont connu une crois-

_____

1. In P. Bairoch, *Mythes et Paradoxes de l'histoire économique*, *op. cit.*

61

sance plus rapide que la France et le Royaume-Uni ; la Suède et la Suisse ont un développement économique plus rapide que les Pays-Bas ou le Portugal. Mieux, si l'on ose dire : la Belgique voit sa croissance ralentir à compter du moment, au tournant du XIXe siècle, où elle devient une puissance coloniale. Inversement, les Pays-Bas voient leur croissance rebondir lorsqu'ils perdent leur empire colonial. De même, selon Bairoch, « il est très probable que l'une des causes de la relative absence du Royaume-Uni dans le domaine des industries "nouvelles" à la fin du XIXe siècle soit précisément cette trop grande facilité d'accès à des empires coloniaux ».

L'idée selon laquelle les pays riches se seraient enrichis grâce à l'exploitation des matières premières importées des pays pauvres est fausse pour une raison simple : les pays riches ont longtemps fabriqué eux-mêmes lesdites matières premières. Le destin du tiers-monde est déjà scellé lorsque l'importation de matières premières devient la règle du monde riche. Comme l'explique à nouveau Paul Bairoch, à la veille de la Première Guerre mondiale, alors que le monde développé possédait déjà une production manufacturière sept à neuf fois supérieure par habitant à la moyenne mondiale de 1750, 98 % des minerais métalliques, 80 % des fibres textiles provenaient des pays industrialisés eux-mêmes. L'énergie n'échappe pas à la règle. Jusque dans les années trente, le monde développé produisait plus d'énergie qu'il n'en consommait et dégageait un gros excédent, grâce notamment au charbon. Le plus gros exportateur d'énergie était en fait le premier pays industrialisé, l'Angleterre. Ce n'est qu'avec le rôle joué par le pétrole du Moyen-Orient après la Seconde Guerre mondiale que le schéma s'est inversé. Même dans ce cas, il faut attendre 1957 pour voir les Etats-Unis devenir importateurs nets. Jusqu'à la Seconde Guerre mondiale, l'autosuffisance était quasiment assurée en Occident [1]. D'où la formule de Bairoch déjà citée en introduction : « Les pays riches n'ont pas besoin des pays pauvres, ce qui est une mauvaise nouvelle pour les pays pauvres. »

1. Au cours du XIXe siècle et du début du XXe siècle, seuls 17 % en moyenne des exportations des pays riches étaient à destination des pays colonisés ; comme les exportations à l'époque ne représentaient guère plus de 8 à 9 % du PNB des pays riches, il reste que les exportations à destination des pays pauvres n'absorbaient que 1,3 à 1,7 % du volume total de la production de ces pays, dont seulement 0,6 à 0,9 % pour les colonies. Les chiffres correspondant aux Etats-Unis sont plus bas : de 0,5 à 0,9 % du PNB à destination des pays pauvres ; plus hauts pour l'Europe : 1,4 à 1,8 % ; mais le diagnostic n'est pas fondamentalement différent. Le véritable contre-exemple à l'idée que les pays riches ont eu besoin des débouchés du tiers-monde est celui de l'Angleterre. 40 % des exportations britanniques sont à destination du tiers-monde ; comme les exportations y représentent une part plus élevée, le chiffre pour le Royaume-Uni porta à 4,6 % du PIB le volume des exportations vers le Sud.

L'ÉCHANGE MOINS INÉGAL QUE PRÉVU

Si le mécanisme décrit par Emmanuel était juste, il devrait se traduire par une baisse continuelle du prix des produits fabriqués par le Sud, relativement à ceux fabriqués par le Nord, puisque c'est en vendant cher et en achetant bon marché que les riches s'enrichissent, ce que les économistes appellent une baisse tendancielle des *termes de l'échange*. Emmanuel soutient de fait sa démonstration par une telle analyse, issue d'une étude des Nations unies publiée en 1949. Les séries calculées par l'ONU montraient une détérioration de 40 % des termes de l'échange des pays producteurs de produits primaires, de la fin du XIXe siècle jusqu'à la veille de la Seconde Guerre mondiale.

Cette étude de l'ONU eut un écho considérable. C'est en utilisant ses résultats que bon nombre d'auteurs, en Amérique latine notamment, avaient conclu comme le fera ensuite Emmanuel, que le protectionnisme était la seule façon d'enrichir un pays pauvre [1]. Le problème – on n'ose dire hélas !

---

1. L'opinion dominante, avant la publication de cette étude, allait exactement dans la direction opposée. On pensait en effet

– est que le fait statistique est faux. Il n'y a pas eu de baisse tendancielle des termes de l'échange. Paul Bairoch, à qui l'on doit l'explication la plus convaincante de ce malentendu, dévoile la source de l'erreur de la manière suivante. Le prix d'une matière première inclut deux termes, ce qui est gagné par les producteurs eux-mêmes et les coûts de transport qui s'y ajoutent. Or c'est ce deuxième terme qui s'est en fait effondré au cours de la période considérée. En corrigeant par ce facteur, la conclusion doit être inversée : pour la période couverte par les Nations unies, les termes de l'échange des pays pauvres ne se sont pas détério-

---

que les produits manufacturiers, bénéficiant de l'apport des techniques nouvelles, verraient leurs prix baisser par rapport aux produits primaires qui, eux, en profitent peu ou pas. En 1942, le grand économiste historien Colin Clark prévoyait ainsi une amélioration de 90 % des termes de l'échange en faveur des produits primaires à l'horizon de 1960. La conclusion des économistes « orthodoxes » devant ce paradoxe ne fut pas très originale. Si les prix des marchandises augmentent par rapport aux produits primaires, c'est parce que la demande est plus forte pour les premiers que pour les seconds. Ce qui leur valut cette réponse cinglante d'Emmanuel : « Si nous acceptions ce principe, nous serions obligés d'admettre que rien n'empêche qu'un jour le niveau général des salaires des Etats-Unis tombe en dessous de celui de l'Inde, si, par exemple, les élasticités de la demande internationale, respectivement pour les voitures américaines et les cotonnades indiennes, se renversent au détriment des Etats-Unis, et si cette situation dure assez longtemps pour produire ses effets ! Toute notre expérience, toute notre intuition, toutes nos connaissances, le fait statistique et le simple bon sens contredisent pareille conjecture. »

rés, mais améliorés. Une tonne de coton égyptien achetait par exemple 7 tonnes de blé américain 1870 ; elle en achète 11 en 1929 et 40 en 1950 [1] ! La seule exception majeure à cette règle moyenne est l'évolution du prix du sucre, ce qui explique, toujours selon Bairoch, les raisons pour lesquelles la thèse de l'échange inégal a été si populaire en Amérique latine. Selon ses calculs on enregistre entre 1876 et 1990 une multiplication par trois des termes de l'échange, en faveur des pays pauvres ! Si l'on exclut les pays exportateurs de pétrole, la hausse est beaucoup moins spectaculaire, l'amélioration n'étant que de 30 % seulement. Et il y eut bien, hors pétrole et après guerre, une dégradation des termes de l'échange des pays pauvres de l'ordre de 25 %. C'est une baisse trop tardive pour expliquer le grand schisme entre les zones pauvres et riches, même si elle pose aujourd'hui des problèmes redoutables à nombre de pays pauvres.

LES « COTTON MILLS »

Il faut donc revenir au moteur de l'échange inégal. Pourquoi, au XIXᵉ siècle, les pays pauvres

---

1. Le coton passe, de 1880 à 1929, de 300 à 570 dollars la tonne tandis qu'au cours de la même période le blé américain augmente de 44 à 51 dollars.

ne parviennent-ils pas à concurrencer les pays riches ? Si les Anglais s'enrichissent en produisant du textile, pourquoi les usines de coton indiennes (les « Cotton Mills ») n'ont-elles pu détrôner leurs rivales anglaises, alors même que les salaires anglais étaient, à l'aube du XXe siècle, plus de six fois supérieurs aux salaires indiens ? En d'autres termes, pourquoi les usines de textiles indiennes n'ont-elles pas été plus rentables ? Cette question, à laquelle *aujourd'hui* les industriels anglais répondent en délocalisant en Inde leur production textile, est longtemps restée mystérieuse. Gregory Clark a consacré à cet exemple un article fondamental, paru en 1987 dans le *Journal of Economic History*, qui contredit les idées reçues [1].

Le manque de capital et les carences d'une main-d'œuvre insuffisamment qualifiée sont les deux raisons auxquelles on pense pour expliquer que le travail ait été beaucoup moins productif en Inde qu'en Angleterre. Comme le montre Clark, dans le contexte industriel qui est celui du XIXe siècle, il n'en est rien en réalité. Dès la seconde moitié du XIXe siècle, aucun obstacle n'empêchait un entrepreneur indien ou chinois d'acheter des machines anglaises ou américaines. Certaines entreprises, telle Platt, exportaient jus-

---

1. G. Clark, « Why Isn't the Whole World Developped ? Lessons from the Cotton Mills », *Journal of Economic History*, 1987.

qu'à 50 % de leurs machines (des « Ring Frames »). Celles vendues par Platt en Angleterre sont à peine plus nombreuses que celles qui sont vendues au Brésil ou au Mexique, en Inde ou au Japon. La Russie est en fait le premier marché de Platt, devant l'Angleterre elle-même. Dans les années 1840, tout problème de fonctionnement d'une machine anglaise demandait jusqu'à 10 mois avant que le fabricant n'y apporte une solution. Grâce au télégraphe ou aux câbles sous-marins, Platt fut en mesure d'offrir un service après-vente efficace. A partir de cette date, les machines exportées deviennent en fait quasiment aussi productives que celles qui sont utilisées en Angleterre. Pour chaque machine utilisée, la production indienne de filés est d'à peine 15 % inférieure à celle qui est enregistrée en Angleterre.

Le travail est le second facteur dont les carences viennent à l'esprit pour expliquer la faible performance des firmes indiennes. Ce n'est que tardivement que les ouvriers indiens ou chinois commencent à entrer en usine. L'expérience professionnelle leur fait défaut. Si l'on considère ensuite le pourcentage d'illettrés, les chiffres sont totalement déconcertants. En 1950, 80 % de la population indienne est toujours illettrée, alors qu'en 1850, soit un siècle plus tôt, les Etats-Unis comptent déjà moins de 20 % d'illettrés. La France, qui est le plus en retard du groupe de pays

« industrialisés », en comporte à la même date 40 %. En 1900, ce chiffre sera abaissé à 17 %. Cette explication, qui joue aujourd'hui un grand rôle, n'est pas davantage primordiale à l'aube du XXe siècle. A cette époque, les Etats-Unis ont eu recours aux mêmes technologies en utilisant des fermiers au chômage venus du Sud du pays. Le fait que ceux-ci n'avaient eu aucune expérience industrielle n'a nullement freiné l'industrialisation américaine. De même, au Japon ou en Angleterre, les ouvriers étaient des jeunes, qu'on employait en général avant leur mariage, sans aucune expérience professionnelle particulière. Dans les usines de coton, rares étaient d'ailleurs les tâches qui exigeaient une formation préalable. En Nouvelle-Angleterre, plus du quart des travailleurs occupés dans ces usines étaient en fait des Polonais, des Portugais, des Grecs ou des Italiens dont l'expérience industrielle et la formation étaient maigres. Les données rassemblées par la Commission sur l'immigration du Sénat américain en 1911 montrent que les salaires des immigrés étaient très proches les uns des autres, égaux par exemple au salaire d'un immigré venu d'Angleterre, alors même que la productivité de ces mêmes ouvriers, dans leurs pays d'origine, pouvait varier du simple au quadruple. Ainsi, un immigré grec gagnait 80 % du salaire d'un immigré anglais, alors qu'à domicile sa productivité était quatre fois plus faible que celle d'un ouvrier travaillant en Angleterre. Ce n'est donc pas leur aptitude « intrinsèque » au travail ou autres traits « naturels » qui expliquent la faible productivité des travailleurs indiens.

Il faut par conséquent chercher ailleurs. Si ce n'est ni le capital, ni le travail qui, pris isolément, donnent la clé du mystère, c'est tout simplement la combinaison des deux qui le fait. Chaque travailleur anglais actionnait en moyenne quatre métiers à tisser à la fois. Au début du XXe siècle, l'enjeu des conflits sociaux anglais est de faire passer l'ouvrier à six métiers. Au même moment, en Inde, les ouvriers ne font fonctionner qu'un métier à la fois et refusent obstinément de passer à deux. Ecoutons ce qu'en dit l'un des contremaîtres : « Les travailleurs ne font rien ; ils pourraient travailler davantage – mais refusent de le faire... » Et il ajoute ce commentaire qui révèle en réalité le pot aux roses : « ... *sauf à être payés davantage !* » Les grandes grèves de Bombay seront déclenchées en 1928 pour empêcher l'encadrement local d'accroître les cadences. Parce que les managers indiens refusent d'augmenter leurs salaires, les ouvriers indiens refusent de s'aligner sur les cadences anglaises. L'une des ironies de l'Histoire est que le nouvel Etat soviétique ne fera pas mieux. La tentative pour obliger les ouvriers tisserands russes à faire fonctionner trois métiers à la fois, au lieu de deux, échouera. En France, qui est en « retard » sur l'Angleterre, la négociation porte à la même époque sur le passage de trois à quatre métiers [1]. Il est possible de retrouver ici, en partie, l'intuition qui fondait le raisonnement d'Emmanuel. Il y a une différence fondamentale entre les revendications salariales au Nord et au Sud. Au cœur du capitalisme, en Angleterre ou dans les terres de peuplement européen, les hauts salaires ouvriers font partie intégrante du capitalisme : ils poussent ou accompagnent ses métamorphoses. Dans les pays du Sud, les revendications salariales sont d'emblée illégitimes. Elles ne font pas évoluer le capitalisme : elles le bloquent, le poussent vers d'autres contrées ou tout simplement le font refluer.

L'ESPRIT DU COLONIALISME

Contrairement à ce que pensait Emmanuel, ce n'est pourtant pas la plus grande combativité des

---

1. Cette intelligence du capitalisme n'est certes pas originelle. Dans les premières années du XIX⁰ siècle, les ouvriers anglais restent payés à leur salaire de subsistance. « Le salaire quotidien d'un manœuvre urbain britannique vers 1780 représentait l'équivalent de 6 à 7 kg de blé. Il est probable qu'ailleurs, en Inde ou dans le tiers-monde, le ratio correspondait à 5 et 6 kg. Vers 1910, le salaire anglais est passé à l'équivalent de 33 kg de blé ; alors qu'il a probablement stagné en Inde. » (P. Bairoch, *Victoires et Déboires*, Paris, Gallimard, coll. Folio, 1997.)

ouvriers anglais qui explique que ceux-ci soient plus riches. Au risque de pousser le paradoxe, il est possible de dire que c'est exactement l'inverse qui est vrai : c'est leur tolérance à de plus fortes cadences qui a compté davantage. Les ouvriers indiens ne sont pas passivement exploités : ils refusent de l'être. Ils ne rejettent pas non plus le capitalisme, ils en attendent des salaires plus élevés. Pourquoi les capitalistes indiens ont-ils été incapables de faire par eux-mêmes cette découverte *a priori* simple, à savoir que le travail humain ne peut être rendu productif sans considération pour ce que l'homme dit de ses aspirations ? Les experts étrangers étaient pourtant légion. Mais là est précisément le problème. L'Inde était à cette époque habitée par ce qu'on pourrait appeler « l'esprit du colonialisme », qui tient l'indigène pour quantité négligeable. Albert Memmi a parfaitement expliqué, dans son *Portrait du colonisé* [1], en quoi consiste cet esprit.

Ecrit en 1957 pour décrire la situation coloniale en Tunisie, ce texte touche au cœur de la question qui nous occupe. Tel que le décrit Memmi, le colon se sent inutile, il sait qu'il doit tout à la métropole, qui le nourrit et le soutient. « La France est écrasée sous le poids de l'Algérie et nous sa-

---

1. Albert Memmi, *Portrait du colonisé,* précédé de « Portrait du colonisateur », préface de Jean-Paul Sartre, Paris, Gallimard, 1957.

vons à présent que nous abandonnerons la guerre, sans victoire ni défaite, quand nous serons trop pauvres pour la payer », résumait pour sa part Jean-Paul Sartre dans sa préface au livre. Pour donner un sens à son existence, le colon doit impérativement diminuer celle du colonisé, en lui rappelant son infériorité, dans tous les détails de la vie. Toute tentative de révolte de ce dernier est non seulement matée, mais attendue : elle donne au colon l'occasion unique de prouver au colonisé sa supériorité et celle de la « civilisation » qui l'a installé. « Un effort constant du colonialiste consiste à expliquer, justifier et maintenir, par le verbe comme par la conduite, la place et le sort du colonisé, son partenaire dans le drame colonial [...]. Pour que le colonisateur soit complètement le maître, il ne suffit pas qu'il le soit objectivement, il faut encore qu'il croie à sa légitimité. » Ce mépris existentiel du colonisateur éclaire parfaitement, dans le cas indien autant que tunisien, les raisons pour lesquelles il était inconcevable d'entendre comme légitimes les revendications salariales des ouvriers indigènes. On voit à quoi tient « l'échange inégal » : non à une exploitation des ouvriers pauvres par les ouvriers riches, comme le pensait Emmanuel, mais au refus des premiers d'être traités autrement que les seconds, à l'affirmation qu'ils appartiennent à la même humanité.

CONCLUSION

L'échec de l'industrialisation indienne tranche avec la manière dont celle-ci s'est diffusée aux Etats-Unis et en Australie. Faut-il en conclure cyniquement, avec Emmanuel, que l'extermination des indigènes eût été la seule manière de diffuser le « progrès » ? On retrouverait ici un point commun avec la manière dont J. Diamond a décrit la manière dont les sociétés agraires ont remplacé, par anéantissement, les sociétés de chasseurs-cueilleurs. Ce n'est pourtant pas la faute des indigènes eux-mêmes, ou bien on ne comprendrait pas pourquoi un immigré indien travaillant en Nouvelle-Angleterre gagne autant qu'un ouvrier anglais travaillant dans les mêmes conditions. C'est bien davantage celle du capitalisme indien lui-même. Le principe qu'Henry Ford mettra en application en ce qui le concerne au début du XXe siècle, qui repose sur l'idée qu'on peut faire un plus gros profit en augmentant les salaires ouvriers et obtenir ainsi leur assentiment, leur coopération, reste hors d'atteinte dans l'Inde du XIXe siècle.

On tient ici une explication qui permet de comprendre en quoi la diffusion de l'agriculture et celle du capitalisme obéissent à des lois radicalement différentes. Lorsque les sociétés de chasseurs-cueilleurs découvrent l'agriculture, elles l'adoptent car elles y voient un levier utile pour leur alimentation, ou la rejettent parce qu'elle incarne à leurs yeux un risque pour leur mode de vie. Dans le premier cas, elles déclenchent ce faisant une série d'effets imprévus, parfois pervers, qui bouleversent leur conditions d'existence, dans l'autre, elles s'exposent à la menace des sociétés qui ont fait le choix inverse. La diffusion de l'agriculture procède ainsi par un couple étrange fait d'adhésion et d'extermination. Le capitalisme se diffuse autrement; dans son cas l'aliénation précède l'adhésion. Les ouvriers n'enfourchent pas d'abord un cheval qui leur fait parcourir des distances inédites. Ils viennent en usine, fuyant bien souvent la misère, pour obtenir un emploi qui leur paie tout juste un salaire de subsistance. L'adhésion vient ensuite, et dépend bien souvent de conditions qui échappent au capitalisme : la santé, l'éducation, plus tard la Sécurité sociale. C'est faute d'avoir saisi l'importance des aspirations ouvrières que le capitalisme indien a raté le coche de l'histoire, tout comme, suivant les prédictions de Marx, le capitalisme anglais aurait sans doute été anémié s'il n'y avait pas fait droit.

A l'heure de leur Indépendance, bon nombre de pays pauvres auront tendance à croire qu'il leur suffira de substituer des planificateurs indigènes à des capitalistes étrangers pour allumer l'étincelle de la croissance économique. Après un bref XXᵉ siècle au cours duquel ils vont essayer la voie protectionniste que leur ont indiquée les théoriciens de l'échange inégal, ils vont déchanter. Le rattrapage des pays riches ne se produira pas davantage à l'ombre du protectionnisme qu'au cœur du libre-échange. C'est pourquoi, de la mort de Mao à la chute du mur de Berlin, les pays pauvres vont revenir s'asseoir, l'un après l'autre, à la table du capitalisme mondial. Toute la question est de savoir s'ils iront du Charybde protectionniste au Scylla mondialiste. Question qu'on ne peut aborder sans comprendre que le capitalisme dans les pays riches a, une nouvelle fois, profondément changé de nature.

CHAPITRE III

La nouvelle économie-monde

La troisième mondialisation

Un siècle a passé. Après s'être noyé dans la grande crise des années trente, le commerce international retrouve son dynamisme dès le lendemain de la Seconde Guerre mondiale. En l'espace de cinquante ans, de 1950 à 2000, la part du commerce dans le PIB a plus que doublé, la montée des échanges internationaux ne connaissant quasiment aucune interruption au cours de cette période [1]. Malgré cette croissance spectaculaire, il faut néanmoins attendre 1973 pour que les chiffres du commerce mondial retrouvent, en pourcentage du PIB, leur niveau de 1913. Dans le cas anglais, les chiffres ne seront rétablis à leur niveau de début de siècle qu'au début des années quatre-vingt. C'est dire l'ampleur de la récession des années trente. C'est voir aussi que le capitalisme

---

1. Dans la moyenne des pays de l'OCDE, elle passe de 12,5 % en 1960 à 20 % en 2000.

mondial ne retrouve que tardivement l'intensité du XIXe siècle. Au vu de ce constat statistique, il est possible de dire que les années quatre-vingt ouvrent un nouveau cycle de mondialisation. La grande puissance marchande d'hier, l'Angleterre, laisse aujourd'hui la place à une nouvelle puissance mercantile, les Etats-Unis. A la révolution des moyens de communication qu'ont représentée hier le télégraphe puis le téléphone se substitue aujourd'hui la révolution de l'Internet qui connecte en temps réel l'activité industrielle de la planète [1].

Cette analogie est pourtant trompeuse, du moins jusqu'à une date récente. La nature du commerce international après guerre est très éloignée de ce qu'elle était au XIXe siècle. En 1913, l'Angleterre – la grande nation commerçante de l'époque – importe du blé ou du thé et exporte du textile. Elle commerce pour l'essentiel avec des pays lointains et dissemblables [2]. Ce n'est plus le cas aujour-

---

1. **Exportations mondiales de marchandises (en % du PIB)**

	1850	1880	1913	1950	1973	1985	1995
Monde	5,1	9,8	11,9	7,5	11,7	14,5	17,1

2. Tout au long des années d'après-guerre, la part du tiers-monde dans les exportations d'Europe occidentale s'est effondrée, passant de 28 % en 1955 à 14 % en 1972. La disproportion est frappante entre le Nord et le Sud : les exportations des pays riches vers les pays pauvres ne représentent que 2 % de leur PIB. Les exportations des pays pauvres vers les pays riches représentent un pourcentage 5 fois plus important.

d'hui. Le commerce est devenu principalement une affaire de pays riches. L'Europe est à cet égard un cas exemplaire. L'Europe des 15 représente à elle seule près de 40 % du commerce mondial. Or les deux tiers de ses exportations et de ses importations sont à destination ou en provenance de ses membres. La France, l'Italie, les Pays-Bas et l'Angleterre sont les principaux partenaires commerciaux de l'Allemagne, première puissance exportatrice européenne. Le commerce entre l'Allemagne et les Etats-Unis est inférieur au commerce de l'Allemagne avec la Belgique et le Luxembourg. Et les marchandises échangées au sein de l'Europe sont également quasiment identiques ! On échange des Renault contre des Volkswagen, des Saint Laurent contre des Prada... Le gros du commerce mondial se présente donc comme un commerce de voisinage, tant sur les produits que sur les partenaires commerciaux.

Quiconque aurait appris la théorie du commerce mondial à l'école du XIXe siècle ne pouvait imaginer que deux pays identiques, disons une France A et une France B en tout point pareilles, trouveraient le moindre intérêt à commercer entre elles. La grande intuition de David Ricardo part d'un constat simple, qui semble universel : ce qu'on vend est, quasiment par définition, différent de ce qu'on achète. Le boulanger achète des chaussures au cordonnier qui, en retour, lui achète du pain. De même, explique-t-il, l'Angleterre vend des textiles au Portugal et lui achète du vin. Plus les pays diffèrent, dans leur dotation et leur expertise, plus ils devraient trouver matière à commercer. Quelle ne serait la surprise de Ricardo et de ses disciples de découvrir que le commerce mondial aujourd'hui, loin de tisser des liens entre des pays *a priori* éloignés, est d'abord et principalement le fait de pays que tout rapproche.

Pourquoi la France A et la France B semblent-elles, contre toute attente, plus intéressées à commercer entre elles qu'avec des pays lointains et donc *a priori* différents ? Pourquoi l'Europe fait-elle sept fois moins de commerce avec l'Amérique du Nord, ou avec l'Asie tout entière, qu'au sein de ses frontières ? La réponse exige que l'on revienne aux raisons pour lesquelles un individu choisit d'être boulanger *ou* cordonnier et, jamais, les deux à la fois. Ricardo explique que l'on hérite toujours d'un avantage comparatif dans l'une ou l'autre de ces activités, et que cet avantage justifie qu'on se spécialise dans une seule tâche. Admettons toutefois qu'il n'en soit rien. Considérons deux personnes totalement identiques vivant dans le même village, lequel a besoin d'un boulanger et d'un cordonnier. Indépendamment de la question de savoir si l'une ou l'autre dispose d'un avantage intrinsèque l'orientant vers telle ou telle activité, chacun aura intérêt à se spécialiser, quitte à lancer une pièce en l'air pour savoir qui fera quoi. Le raisonnement qui permet d'en comprendre la raison est simple, mais n'a rien à voir avec l'intuition de Ricardo. Il tient à ce que les économistes appellent des « économies d'échelle ». Plutôt que d'être à mi-temps cordonnier ou boulanger, mieux vaut se spécialiser à plein temps dans une seule activité. On n'a qu'un métier à apprendre, une seule boutique à acheter : on fait des « économies d'échelle », en amortissant ses frais fixes et ses investissements sur un volume d'affaires plus important. Chacun gagnera un avantage comparatif qui résultera de la spécialisation induite par le marché, au lieu d'en « hériter ».

C'est cette idée qui est aujourd'hui au cœur des « nouvelles théories du commerce international [1] ». En raison des « économies d'échelle », une entreprise installée sur un territoire gagne toujours à étendre sa zone d'influence au-delà de ses frontières naturelles. Le boulanger du village A essaiera de réaliser des économies d'échelle en vendant son pain aux villages B et C alentour. Qu'advient-il des boulangers des villages B et C ? Certains vont disparaître. Si le boulanger A est plus agressif, il prendra des parts de marché qui lui permettront de

---

1. Les deux principaux auteurs sont Elhanan Helpman et Paul Krugman ; voir leur *Market Stucture and Foreign Trade*, Cambridge, MIT Press, 1985.

83

mieux amortir encore ses coûts. Mais si, pour réaliser à plein des économies d'échelle, le boulanger A ne vend que des baguettes, les boulangers B ou C peuvent essayer de vendre d'autres types de pain : du Poilâne, pour l'un, du pain brioché pour l'autre. C'est la diversité de l'offre qui alimentera le commerce entre pays proches.

LA MONDIALISATION IMAGINAIRE

Telle est pour l'essentiel la nature du commerce aujourd'hui. Il porte sur des produits proches, naît de l'échange entre pays voisins, dont les consommateurs ont des goûts qui se rejoignent. La mondialisation à « l'ancienne », entendue au sens du XIXe siècle d'un commerce au long cours entre pays dissemblables, a crû beaucoup moins vite que la mondialisation de « proximité ». Une fois éliminé le commerce avec les autres pays européens, la France échange moins de 10 % de son PIB avec le reste du monde, ce qui inclut les Etats-Unis ou le Japon... L'économiste Jeffrey Frankel a proposé à cet égard un calcul simple [1]. L'économie américaine représente environ un quart de l'économie

---

1. Jeffrey Frankel, « Globalization and the Economy » in *Governance in a Globalizing World*, edité par Nye et Donahue, Washington, Brookings Institution, 2002.

mondiale (le même calcul s'appliquerait à l'Europe dans son ensemble). Si elle était parfaitement intégrée au monde, au sens trivial où ses achats et ses ventes seraient totalement indifférents à l'origine ou à la destination de son partenaire commercial, elle achèterait ou vendrait trois quarts de ses biens à l'étranger. Or les achats et les ventes ne correspondent qu'à 12 % de son PIB. En faisant le ratio entre le chiffre théorique et le chiffre réel, on obtient un facteur de 1 à 6. La réalité est six fois plus petite que la fiction d'un monde parfaitement intégré. Paraphrasant Robert Solow, on pourrait dire que l'on voit la mondialisation partout, sauf dans les statistiques. On « voit » des McDonald's au coin de chaque rue, des films américains dans tous les cinémas, des Coca-Cola dans toutes les cafétérias, mais pas les milliers de cafés où l'on prend un sandwich jambon-beurre, ni les bouteilles d'Evian ou de Badoit, PPDA ou Gérard Depardieu ; on ne voit pas que dans la presse régionale la *big news* reste l'élection du conseil municipal... Pour nous, pays riches, la mondialisation est en grande partie imaginaire, elle est peut-être « notre » imaginaire.

L'économie post-industrielle

On ne comprend pas pourquoi la mondialisation est à ce point présente dans les esprits alors qu'elle est si faible dans les statistiques si l'on ne saisit pas qu'elle est en fait concomitante d'une transformation essentielle : le passage d'une économie industrielle à une économie post-industrielle. Un chiffre illustrera le contraste étonnant entre les chiffres du commerce mondial et la composition de l'emploi. Le commerce porte à 80 % sur des produits industriels ou agricoles et à 20 % seulement sur les services. La réalité de l'emploi dans les pays riches est rigoureusement inverse. L'emploi industriel et agricole représente en effet moins de 20 % de l'emploi total ; les services presque 80 %. Le commerce international porte sur la portion désormais congrue de l'emploi [1]. On tient ici le seul parallélisme réel qu'on puisse établir entre la mondialisation d'hier et celle d'aujourd'hui [2]. Au XIXe siècle, la mondialisation a hâté, davantage qu'elle n'a créé, le passage d'une société agraire à une société industrielle. Aujourd'hui, la mondialisation accompagne pareillement le basculement d'une société industrielle vers un âge post-industriel.

Rien n'est plus lourd d'ambiguïté que cette notion d'économie post-industrielle. On doit à Jean Fourastié d'avoir souligné, très tôt, l'importance des services. Aucune nation « industrielle », à une exception près, n'a jamais été principalement industrielle. Les Etats-Unis et la France en donnent une bonne illustration. Au début du XXe siècle, les deux pays comptaient une majorité d'agriculteurs, l'autre moitié se répartissant à parts égales entre ouvriers d'usine et employés des services. Au moment où l'industrie est à son apo-

---

1. L'intensité du commerce mondial est impressionnante lorsqu'on rapporte le commerce aux seuls produits industriels. Les deux tiers de leur production industrielle est exportée en France et en Angleterre, la moitié aux Etats-Unis. Au début du siècle le chiffre correspondant était de 23 % en France, de 13 % aux Etats-Unis ; voir « Is Globalization Today Really Different than Globalization a Hundred Years ago ? », M. Bordo, B. Eichengreen et G. Irwin, NBER, juin 1999.

2. On se reportera aussi sur ce point à R. Baldwin et P. Martin, « Two Waves of Globalization : Superficial Similarities, Fundamental Differences », NBER, *Working Paper,* n° 6904, 1999.

gée, dans les années cinquante, la part des emplois industriels n'excède pas le tiers de l'emploi total. Dès 1949, la France compte déjà davantage d'employés dans les services que d'ouvriers dans les usines. Aujourd'hui, 85 % de la population américaine travaille dans les services ; en France ce chiffre s'élève à 75 %. Le seul pays dans toute l'histoire du monde où la part de la population employée dans l'industrie ait frôlé les 50 % est l'Angleterre au XIXᵉ siècle. Dès 1913, toutefois, cette part est déjà devenue minoritaire. Il peut donc paraître cocasse de parler de sociétés post-industrielles, alors même que l'emploi industriel n'y a jamais été dominant. Les activités de services sont quasiment toujours là, dès le début. Si leur importance quantitative a crû, cela signifie-t-il qu'il y ait rupture ? Bon nombre de malentendus planent habituellement sur cette question.

Daniel Bell, qui en a fixé l'usage, a voulu interpréter la société post-industrielle comme une société de la connaissance. Ce terme est utile pour mettre en perspective ce qui peut apparaître comme « un troisième âge » de l'économie. Au premier âge rural où la terre est le principal facteur de production, s'est substituée l'ère industrielle où les hommes sont, dans leur force physique, le premier moteur de l'activité économique, ère que Marx définit par l'extraction de la plus-value humaine. Nous vivons aujourd'hui un troisième âge, celui où la connaissance est le principal facteur de production. Cette description a le mérite de donner à la société post-industrielle une dimension historique, qui n'est d'ailleurs pas éloignée de l'équivalent de la « fin de l'histoire », car on voit mal ce que pourrait être un quatrième âge des sociétés humaines [1].

William Baumol est un autre auteur essentiel à avoir théorisé la tertiarisation de l'économie. L'économie est constituée, selon lui, de deux secteurs. Il y a d'abord un secteur « productif » où le progrès technique, l'automatisation des tâches, permettent d'être de plus en plus économe en travail humain, la machine se substituant à l'homme. Et un secteur « stagnant » qui inclut des activités comme jouer du violon, soigner un patient ou livrer des pizzas – lesquelles devront toujours utiliser principalement du temps humain. Le secteur « stagnant » comprend, selon Baumol, les services aux particuliers, les services publics, la santé, l'éducation, les loisirs. Les emplois dans les secteurs ainsi définis occupaient un quart de la population active après guerre, plus de la moitié en 1980, et près des trois quarts aujourd'hui. Cette

---

1. L'OCDE s'est livrée à un exercice quantitatif qui éclaire la portée de cette idée, en redéfinissant les tâches exercées dans notre économie à partir d'une grille cherchant à déterminer si une profession mobilise ou non des connaissances. Elle parvient à une grille où 50 % des emplois seraient concernés.

manière de voir les choses rejoint la théorie du
« déversement » d'Alfred Sauvy. L'emploi quitte
les tâches mécanisées, pour se « déverser » vers
celles qui ne peuvent pas l'être, et où le travail
humain reste indispensable. On est proche également
de ce que Jean Fourastié appelait le « grand
espoir du XXe siècle », à savoir l'avènement d'une
économie où le travail dans les « services », prenant
la place de l'emploi industriel, rendrait de ce
fait l'économie enfin humaine.

Ces deux façons de définir l'économie post-
industrielle – comme une économie de la connaissance,
à la façon de Daniel Bell, ou une économie
des services à la personne, selon Baumol ou Fourastié
– ne sont pas antagoniques. Elles s'accordent
en effet toutes les deux pour signifier la fin
d'un monde où le travail de l'homme sur les objets,
ce qui peut apparaître comme le propre de
l'activité industrielle, est essentiel. Ce n'est pas à
proprement parler notre désintérêt pour le monde
des objets que désigne la société post-industrielle.
Baumol note au contraire que jamais la quantité
d'objets que nous manipulons n'a été aussi grande
qu'aujourd'hui. Mais ce qui a désormais de la valeur,
ce qui compte dans le prix d'une marchandise,
n'est plus le temps qu'il faut pour la fabriquer.
Ce sont les deux activités en amont et en aval
que sont *la conception et la prescription* qui occupent
désormais la place essentielle.

La nouvelle économie-monde

Au premier bout de la chaîne de valeur, il y a la production d'un bien « immatériel » : une formule chimique dans le cas d'un médicament, une chanson pour un disque, une marque ou une image pour une chaussure de sport ou un vêtement. Le médicament n'est rien pourtant sans le docteur qui le prescrit, la marque d'un article de sport compte peu sans le grand magasin où l'on va le désirer, le comparer aux autres et éventuellement l'acheter. A l'autre bout de la chaîne de valeur on trouve des activités « de face à face », F2F (*face to face*) comme disent E. Leamer et M. Storper, paraphrasant le B2B (*business to business*). Ce sont des activités qui servent de relais, de compléments, aux biens immatériels qu'elles prescrivent. Ces activités de F2F sont locales. Elles paient un lourd tribut à la rente foncière, dépendent des lieux où vivent des hommes. Elles se nichent dans les quartiers, vont de l'épicerie qui ferme à minuit au médecin qu'on veut savoir à proximité. Le terme de « mondialisation » ne se comprend bien que si l'on saisit qu'il scelle l'unité de deux termes qui semblent contradictoires : un enracinement dans le local et un déracinement planétaire.

No LogO

Rien ne caractérise mieux la nouvelle économie-monde que l'exemple de la célèbre paire de Nike. Conçue aux Etats-Unis, fabriquée en Indonésie, commercialisée partout, la Nike est la cible désignée des No Logo, No Global... Elle a été brillamment mise en scène par le cinéaste Mike Moore pour dénoncer les *sweatshops,* le travail de l'enfer en Indonésie. Considérons en détail le prix d'une paire appelée « Air Pegasus ». Elle est vendue 70 dollars, à peu près autant d'euros. Première question : combien gagne celui – plus probablement celle – qui la fabrique ? Réponse 2,75 dollars. On comprend à la lecture de ce chiffre la stupéfaction de ceux qui ont mis en évidence l'écart entre le prix que l'on paie cette paire de baskets à Paris ou New York et le salaire que reçoit, quelque part au Maroc ou en Indonésie, celui ou celle qui la fabrique. Quoi que l'on apprenne du reste de la structure des coûts, rien n'empêchera de faire le calcul simple : qu'est-ce que cela coûterait au consommateur final de doubler le revenu de ceux qui fabriquent les chaussures ? Serait-ce si grave d'acheter 72,75 dollars au lieu de 70 dollars la même paire de chaussures ?

Continuons de décliner la structure des coûts, nous ne sommes pas au bout de nos surprises. Pour fabriquer une chaussure, il faut non seulement du travail mais de la matière première : du cuir, du caoutchouc... Il faut également acheter des machines, louer des entrepôts, rémunérer les capitaux investis. Il faut ensuite l'exporter. En chiffres bruts, la paire de baskets coûte finalement à Nike 16 dollars. Le mystère reste, à ce stade, quasiment intact. Comment passe-t-on d'un coût de fabrication qui s'élève à 16 dollars aux 70 dollars vendus au client ? La réponse vient en deux temps. Nike, tout d'abord, engage des campagnes de publicité phénoménales. Le coût de la promotion par paire de chaussures (qui inclut le salaire des stars et les campagnes de publicité proprement dites) s'élève à 4 dollars. S'y ajoutent le travail des agents de l'entreprise Nike *stricto sensu* (l'administration, les représentants...), ainsi que les dépenses en capital de la firme, paiement des investissements, coûts de stockage et rémunération des actionnaires. Il n'est pas inutile de signaler ici que Nike n'est pas une entreprise particulièrement rentable. Le retour sur investissement s'élevait en 2001 à 10 %. Au total, le prix de gros de la paire de chaussures, celui auquel Nike la vend aux distributeurs, est passé à 35,50 dollars. L'écart qui fait ici doubler le prix vient du coût de la distribution, qui permet de la mettre au pied de l'acheteur final. Il faut rémunérer le personnel qui en assure la vente. A quoi s'ajoutent la location des lieux de vente, la rémunération du capital investi par le revendeur qui inclut ici encore la rémunération des investissements, des frais de stockage et celle des actionnaires...

Il est dès lors possible de résumer ces chiffres de la manière suivante. Un objet comme l'« Air Pegasus » de Nike coûte autant à fabriquer comme objet physique que comme objet social : les dépenses de promotion faites par Nike coûtent aussi cher que sa fabrication en Indonésie. Au vu de ces chiffres, on peut dire qu'on achète autant l'image, le concept, que le produit lui-même. Et puis, troisième étage de la pyramide, il coûte aussi cher de mettre la chaussure au pied du consommateur qu'il en a coûté à la fabriquer au sens plein du terme. Cet exemple illustre de manière fascinante la « nouvelle économie-monde » : faite d'une production « d'immatériel » (la marque), conçu pour la ville et le monde, et de production matérielle, la chaussure, venue de très loin, et enfin, d'une part lourde, dominante, de services au sens le plus restreint qui soit : mettre au pied du consommateur, chez lui, dans son quartier, le produit ainsi formé.

Toute la question qui anime les critiques des Logo, et plus généralement, de la nouvelle division du travail qui est illustrée par cet exemple est de savoir dans quelle mesure celle-ci ne tend pas un nouveau piège aux pays pauvres. N'étant ni concepteurs ni consommateurs, quelle place leur est-elle réservée ? Loin de leur permettre de s'industrialiser au sens où on l'entendait au XIXe siècle, ce processus ne les relègue-t-il pas dans des tâches mineures, sans valeur ajoutée, loin des activités qui, aujourd'hui, créent de la richesse ?

LA « NOUVELLE ÉCONOMIE »

Pour saisir l'enjeu de ces questions, il est plus utile de distinguer « ancienne » et « nouvelle » économie que d'opposer services et industrie. La « nouvelle économie » a connu son heure de gloire avec la bulle Internet et la folie des dot.coms. Le concept y a en partie perdu sa crédibilité. Elle fixe pourtant une manière essentielle de penser la nouveauté du monde post-industriel. S'il fallait résumer d'un mot ce que désigne ce terme, on dirait que la nouvelle économie se caractérise par une structure de coût totalement atypique : c'est la première unité du bien fabriqué qui coûte cher, et non celles qui suivent. Une fois conçu le logiciel Windows, on peut aussi bien le vendre à une bourgade qu'à la terre entière, son coût total de fabrication n'en sera que marginalement modifié. Le même raisonnement s'applique à l'audiovisuel – un film coûte cher à réaliser, pas à (re)diffuser. C'est vrai également de l'industrie pharmaceutique, où ce qui compte est l'invention du vaccin et non sa fabrication et, au-delà, de tous les secteurs qui se spécialisent dans le *design* ou la conception des produits en général [1].

DeLong et Froomkin ont montré d'une manière originale comment le modèle économique de la nouvelle économie différait fondamentalement de l'ancien [2]. L'ancienne économie s'appuie sur un fait simple et essentiel : le consommateur paie au producteur le service que celui-ci lui rend. Ce n'est quasiment jamais le cas dans la nouvelle économie. On peut prendre ici l'exemple des télévisions hertziennes. A l'exception de l'Etat qui

1. Voir D. Cohen et M. Debonneuil, *La Nouvelle Economie*, Rapport du Conseil d'analyse économique, Paris, La Documentation française, 2001.

2. B. DeLong et M. Froomkin, *Old Rules for the New Economy*, Berkeley, 1999 ; voir aussi C. Shapiro et H. Varian, *Information Rules,* Cambridge, Harvard Business School Press, 1999.

bénéficie de la redevance, aucune chaîne privée ne facture le bien qu'elle propose au consommateur. C'est grâce à la publicité que les chaînes se financent. Le prix de vente ne porte donc pas sur le bien offert par la chaîne de télévision, c'est-à-dire les programmes eux-mêmes, mais sur un produit dérivé : l'attention supposée du consommateur pour les réclames, lesquelles n'ont rien à voir avec le programme qu'il choisit. Du coup, la chaîne ne voudra pas en donner au consommateur « pour son argent », mais cherchera à lui fournir le minimum nécessaire pour qu'il ne détourne pas son attention. L'exemple s'applique manifestement à tous les *business models* que la nouvelle économie a cherché à faire fructifier. Lorsque tout est gratuit, comme c'est souvent le cas sur le Net actuellement, il faut bien facturer quelque chose. Ce peut être la publicité ou l'usage d'une certaine information sur les goûts du consommateur, mais ce n'est jamais le produit lui-même. Comme le notent avec humour DeLong et Froomkin, le *business model* de la nouvelle économie rend l'économie du don plus efficace que celle des échanges marchands. Ils donnent ainsi en exemple la chaîne de radio américaine National Public Radio (l'équivalent pour simplifier de notre France-Culture) qui vit des contributions bénévoles de ses auditeurs. Pour obtenir celles-ci, elle doit les séduire, les convaincre : on se rapproche

ici davantage de l'ambition ordinaire de l'économie de marché que ne le font les chaînes hertziennes...

Faire payer le client pour un produit qui a
spontanément vocation à être gratuit : telle est ce
qu'on pourrait appeler la *contradiction culturelle
de la nouvelle économie*. Les habitués du Net ne
veulent pas payer. Comment gagner sa vie dans
ces conditions ? Lorsque les magnétoscopes ont été
inventés, les studios hollywoodiens ont tout
d'abord pris peur. Que faire si les films commen-
çaient à circuler « librement » ? Aujourd'hui
pourtant, la plus grande part de leurs profits pro-
vient de la vente et de la location des cassettes et
des DVD. Où est l'erreur ? Tout simplement en
ceci qu'un film, comme une chanson ou une formule chimique, une fois qu'il a été fabriqué, ne
demande qu'à circuler librement. Quels que soient
ses mérites, le « cinéma » relie en fait deux produits radicalement distincts : le film lui-même et
une technique de présentation en salle. Entrer dans
une salle de cinéma est un acte de consommation
standard : c'est mon siège et non le tien que je paie
pour pouvoir m'asseoir. On continue d'aller au
cinéma, pour profiter des écrans géants ou sortir
entre amis, tout comme on dîne encore au restaurant malgré le four à micro-ondes. La vidéo a
permis de séparer la consommation du film de
cette seconde composante, donnant au film la

capacité d'être librement vu, revu, prêté aux voisins ou aux grands-parents. Le produit s'est trouvé un nouvel équilibre économique, plus proche de sa nature originelle [1].

Pour devenir rentable, la nouvelle économie doit donc inventer une « nouvelle économie de l'acheteur [2] ». Loin de réaliser l'avènement du

---

1. Dans le cas des CD qui s'échangent entre ordinateurs, la situation est *a priori* différente. Il est facile de copier le produit et de le diffuser, alors que, dans le cas de la vidéo, il fallait un deuxième magnétoscope, passer du temps à l'enregistrer et recommencer pour chaque copie. On ne peut donc pas exclure que l'*industrie* du disque subisse l'impact de technologies poussant à la gratuité. Pour autant, la « chanson » en général et les chanteurs en particulier en souffriront-ils ? On ne peut s'empêcher de noter tout d'abord que les artistes ne s'approprient qu'une part faible des recettes totales. Celles-ci sont, certes, élevées du fait de coûts importants, mais ce sont ceux-là mêmes qu'Internet réduirait considérablement. Les industriels arguent du fait qu'ils jouent un rôle de filtre, de promotion et permettent de faire connaître et de produire les artistes. De fait, nul ne saurait croire qu'une rencontre éthérée entre l'artiste et le public puisse surgir spontanément, sans médiateurs. Rien n'empêche toutefois de penser que d'autres vecteurs rempliront cette fonction. Les revues pourront peut-être jouer mieux que par le passé le rôle principalement tenu aujourd'hui par les campagnes de promotion. Les concerts reviendront peut-être aussi, comme ils l'étaient jadis, le moyen par lequel les artistes seront rémunérés, à l'image des scientifiques dont les œuvres circulent librement et qui vivent en accomplissant d'autres tâches : enseigner, donner des conférences, encadrer de jeunes chercheurs...
2. Aux premières heures de l'équivalent de La Redoute aux Etats-Unis, la firme Sears et Roebuck, pionnière de la vente par correspondance a mis en faillite des centaines de magasins qui ont perdu d'un coup leurs clients. Il est ironique que la première

marché « parfait », entendu au sens naïf du marché uniforme, la relation nouvelle à la clientèle fait tout pour rendre le client captif. Une fois abonné, on devient prisonnier de l'opérateur, lequel multipliera les manières de vous retenir, en vous offrant par exemple des bouquets de programmes qu'on doit acheter en bloc. L'exemple illustre le *business model* de la nouvelle économie. On n'achète pas un logiciel Microsoft, on s'abonne en fait à une gamme de produits. Il est impossible de choisir Word et pas Excel ou Explorer dès lors que les rivaux ont le plus grand mal à rendre leurs produits compatibles. On est ainsi très loin de la liberté du choix, du *free to choose* que réclamait Milton Friedman. La nouvelle économie de l'acheteur prend la forme d'une accumulation d'informations sur le client, qui permet à l'entreprise de sérier, discriminer ses attentes et de fabriquer au

victime attendue d'Internet soit aujourd'hui la vente par correspondance. Elle-même n'a d'ailleurs pas non plus satisfait toutes les demandes qui lui étaient adressées. Passé le premier moment d'euphorie, ses parts se sont rapidement stabilisées à environ 10 % des ventes totales, ce qui est à la fois considérable, mais laisse 90 % du marché aux intermédiaires traditionnels. A titre de comparaison, la vente en ligne représente moins de 1 % des ventes totales. En ce qui concerne le commerce direct (le B2C, *business to consumers*), les espoirs de croissance qu'il fait naître restent très problématiques en matière de profits. Voir B. Amable et P. Askenazy, « New Business Integration » in *The ICT Révolution,* édité par D. Cohen, P. Garibaldi et S. Scarpetta, Oxford University Press, 2003.

plus près de ses caractéristiques une gamme de produits adéquats (crédits à la consommation, abonnements divers...). On retrouverait ici la démarche adoptée par les transporteurs aériens, au moment où ils mirent en place une politique de segmentation tarifaire, le *yield management*, définissant des pratiques commerciales différenciées selon les secteurs de la clientèle et fidélisant le client à l'aide de leurs programmes *frequent flyers*, élargis en programme *frequent buyers* intégrant par partenariat des offres complémentaires aussi diverses que les services de chaînes d'hôtels, de loueurs de voiture ou d'opérateurs de télécommunication, etc. On est évidemment bien loin du modèle « pur » du marché où un prix unique serait offert à tous les acheteurs. Les investissements réalisés par des firmes comme Amazon pour brasser, fidéliser, rétroagir avec une clientèle la plus vaste possible sont considérables, tant en investissements techniques, qu'en efforts logistiques qui restent, pour ces entreprises « virtuelles », le maillon faible de leurs organisations, ou encore en publicité.

Cette caractérisation de la nouvelle économie permet de saisir la raison pour laquelle elle ne peut s'accommoder de ce que les économistes appellent un régime de « concurrence pure et parfaite », où les nouveaux entrants sont *a priori* les bienvenus. Si un logiciel nouvellement conçu était immédia-

tement mis en concurrence avec des produits simi-
laires présentant les mêmes qualités, la guerre des
prix entre les fabricants les rendrait incapables de
recouvrer les dépenses qui ont permis sa conception. Pour amortir les coûts de recherche et de
développement qui forment le cœur de son activité, une firme de la nouvelle économie doit absolument bénéficier d'une rente de situation. Rente
technologique pour les uns, rente commerciale
pour les autres, peu importe : le secteur ne peut pas
être concurrentiel au sens habituel du terme. La
nouvelle économie confronte donc les analystes à
un paradoxe étonnant. Ses apologistes l'acclament
habituellement comme un vecteur puissant de la
concurrence. De fait, nul ne peut nier qu'en rendant l'information abondante et bon marché Internet ne change la donne et ne détruise les rentes de
situation forgées par ceux dont le métier était
auparavant de collecter et distribuer une information rare. On peut penser aux grossistes, aux con-
cessionnaires, ainsi qu'aux intermédiaires financiers : leurs marges, s'il en reste demain, sont
condamnées à se rétrécir. L'ironie est toutefois que
les acteurs de la nouvelle économie sont eux-
mêmes rien moins que concurrentiels. Qu'il s'agisse
de Microsoft ou d'AOL-Time-Warner, les nouveaux groupes montrent une propension à occuper
l'ensemble de leur marché qui semble irrépressible. La « nouvelle économie » ne fait pas entrer

103

dans le monde rassurant de la concurrence pure et parfaite, elle nous en arrache.

Un exemple illustrera la nature des déconvenues de ceux qui imaginaient que les nouvelles technologies allaient ouvrir la concurrence. Avec l'invention du câble et du satellite, des centaines de nouvelles chaînes télé ont fait leur apparition dans les foyers. On a pu croire alors que la diversité potentielle de l'offre écraserait les positions dominantes. Or qu'a-t-on observé ? TF1 détient en moyenne un tiers des parts de marché. Antenne 2 un tiers du segment restant (soit 21 % du total), la Trois capte un tiers du marché résiduel, soit 15 % ; la 6 brise l'équilibre antérieur ; mais avant sa remontée vers les sommets, elle était conforme à la loi qui s'esquisse : 6 %, soit elle-même un tiers du segment restant... Le câble brise certes l'ancien quasi-monopole de la Première Chaîne. Au lieu d'un ou deux acteurs, on en a à présent trois ou quatre. On est pourtant loin de l'infinie diversité promise par les premiers pronostics. C'est du côté de l'infiniment petit que le câble a produit ses effets. L'amateur d'opéra peut profiter de trois chaînes musicales, on peut assister en direct à des défilés de mode ou connaître la météo. Toutes choses qui ne coûtent quasiment rien à produire, mais que très peu de gens regardent.

Comment expliquer une telle concentration de l'image ? Pourquoi la diversité offerte n'a-t-elle

pas rencontré son public? La réponse des économistes, notamment depuis les travaux novateurs
de John Sutton [1], se présente ainsi. Sous l'effet
« exogène » de la baisse des coûts de retransmission, *a priori* favorables à la concurrence et à la
diversité des programmes, les coûts « endogènes »
comme les droits de la retransmission des grands
événements sportifs ont littéralement explosé. Là
où la technique permet d'abaisser le coût de fabrication, les forces du marché restaurent et reconsti-
tuent les barrières à l'entrée. Pour le dire schéma-
tiquement, TF1 garde son monopole parce qu'elle
est seule à même de payer le salaire de Zidane,
lequel devient le principal bénéficiaire de la télévision par câble ou par satellite. De même Hollywood produit-il aujourd'hui des films à grand
spectacle de plus en plus chers, pour tenir à distance les concurrents que la démocratisation des
techniques aurait permis de faire entrer. Un point
essentiel doit pourtant être souligné. Si la
« nouvelle économie » restaure de manière endogène les barrières que les techniques réduisent, la
structure particulière de celle-ci demeure : seule la
première unité est chère à produire, les autres ne
coûtent rien. Une fois réalisé, un film peut être
diffusé autant de fois qu'on voudra. Une fois le

---

1. John Sutton, *Sunk Cost and Market Structure*, Cambridge,
MIT Press, 1991.

salaire des stars ou le coût des cascades payés, il peut être montré partout, dans une salle des faubourgs du Caire, comme à Beverly Hills. Une Rolls Royce, à l'inverse, ne pourrait être vendue à la planète entière ; chacune d'entre elles coûte trop cher à produire, et donc à acheter, pour le commun des mortels. Les tarifs d'un film peuvent en revanche être fixés localement, en fonction du pouvoir d'achat, aussi infime soit-il, de chacun. « L'impérialisme de Hollywood » n'a pas d'autres sources. Il fait voir à la planète entière autant de Rolls qu'elle voudra, que personne ou presque ne pourra acheter.

Centre et périphérie

Les caravelles, puis les chemins de fer et les bateaux à vapeur ont permis la première et la deuxième conquête du monde. Internet et la nouvelle économie des technologies de l'information et de la communication font entrer aujourd'hui dans ce qu'on peut appeler une « nouvelle économie-monde ». L'idée d'économie-monde, elle-même, vient de Fernand Braudel, avant d'être reprise et développée ensuite par Immanuel Wallerstein. Braudel explique qu'il y a eu des économies-mondes depuis toujours : « La Phénicie antique, Carthage au temps de sa splendeur. De même l'univers hellénistique. De même Rome à la rigueur [...]. De même la Chine qui, très tôt, se saisit de vastes régions voisines qu'elle lie à son destin : la Corée, le Japon, l'Insulinde, le Vietnam, le Yunnan, le Tibet, la Mongolie. L'Inde, plus précoce encore, transforme à son usage l'océan

107

Indien en une sorte de mer intérieure, des côtes orientales de l'Afrique aux îles de l'Insulinde [1]. » Une économie-monde, selon lui, c'est d'abord un espace géographique solidement fixé autour d'un centre, souvent une ville : Venise, Anvers, Amsterdam, Londres. Villes parfois héritières des cités helléniques, ouvertes à la campagne qui vient y vendre ses excédents, projetées à l'extérieur par la manie impérialiste d'assujettir les autres pour assurer la continuité des échanges, telle Venise qui importe tout, « même son eau... ». Villes aussi d'un nouveau type : celui de la cité médiévale, enfermée dans ses murailles et lieux de production telles Liège ou Anvers où le beffroi sonne l'heure du travail, du manger et du coucher.

Qu'un centre succède à un autre, et c'est une « immense masse d'histoire qui bascule ». La multiplication des centres est, aux yeux de Braudel, une forme de jeunesse, quand la lutte pour le sommet n'est pas encore achevée, ou une forme de dégénérescence, si le vieux centre voit son autorité contestée. Lorsque le centre est fixé, l'économie-monde se présente alors en une série de cercles concentriques, de prospérité déclinante gravitant autour de lui. Le centre, partout et toujours, c'est la vie chère, l'encombrement, la pollution. L'éloi-

---

1. Fernand Braudel, *Civilisation matérielle, économie et capitalisme*, vol. 3, *Le Temps du monde*, Paris, Armand Colin, 1979.

gnement à la périphérie est au contraire synonyme de vie moins chère, de rythmes plus lents. « Le cercle étroit de ces milliers de petites unités où l'histoire coule au ralenti, les existences se succèdent, pareilles à elles-mêmes de génération en génération... » Le « pays » qui vaut dix fois le canton ; la province dix fois le « pays ». « Mesurée à la vitesse des transports de son temps, la Bourgogne de Louis II est, à elle seule, des centaines de fois la France d'aujourd'hui. » Braudel évoque ces unités provinciales qui sont autant d'« économies-mondes au petit pied », dont les centres ont pour nom Dijon, Grenoble, Bordeaux, et entrent parfois en rivalité avec une autre : en Normandie Rouen et Caen, en Champagne Reims et Troyes, en Lorraine Nancy et Metz... Dans les cercles concentriques qui entourent le centre se loge une « coexistence », dit Braudel, de modes de production divers. L'idée de Marx selon laquelle les modes de production se succèdent dans l'histoire doit être, selon lui, « revue à la baisse ». A tout moment de l'histoire on trouve un mélange d'avatars de l'Antiquité, du féodalisme, des premières sociétés agricoles.

LE PARADOXE DES DISTANCES

F. Braudel rapporte le récit de voyage d'un prédicateur hongrois rejoignant son pays en 1618, qui note tout au long de son périple que le prix du pain baisse régulièrement à mesure qu'il s'éloigne de Londres. Ce voyage offrirait aujourd'hui encore la même tendance. Partant de Paris vers l'Espagne et le Portugal, on trouve bien une pente décroissante des salaires. Allant vers l'Est, dès qu'on traverse l'Autriche, on observe pareillement un déclin des salaires proportionnel à la distance avec le centre. Selon l'estimation proposée par Tony Venables [1], près de 50 % de la dispersion salariale interrégionale et internationale peut s'expliquer par les seules variables géographiques et l'éloignement par rapport aux grandes capitales. Il existe bien quelques « anomalies » comme l'Australie, la Nouvelle-Zélande, le Japon, les Etats-Unis, Singapour et Hong Kong où la seule « distance » ne suffit pas à expliquer la richesse. Elles montrent que la « tyrannie des distances » (titre d'un livre

---

1. Anthony Venables, *Geography and International Inequalities*, London School of Economics, 2001.

110

célèbre consacrée à l'Australie) n'est pas absolue. Il n'empêche. Malgré la formidable réduction des « coûts de distance » qui est à l'œuvre depuis deux siècles, la géographie économique du monde reste aujourd'hui étonnamment proche de la géographie tout court.

Les économistes qui se sont penchés sur ces données en sont venus à énoncer ce qui apparaît comme un paradoxe étonnant : *loin de disperser la vie économique dans l'espace, la réduction des coûts de transport semble, au contraire, agglomérer les populations et les richesses.* La baisse généralisée des coûts de transport qu'ont apportée au cours des deux derniers siècles les chemins de fer, l'automobile ou le téléphone n'ont nullement conduit à diffuser la richesse. A l'aube du XIXe siècle, le territoire français est encore formé d'une multitude de lieux de production, de taille faible et répartis sur tout le territoire [1]. Avec la révolution des transports, on assiste à une formidable polarisation de l'espace. Le « désert français », présenté comme un scandale, est en fait l'illustration d'une règle qui semble universelle : la réduction des coûts de transport, loin de dissémi-

---

1. L.-A. Gérard Varret et M. Mougeot, « Aménagement du territoire », rapport du Conseil d'analyse économique, Paris, La Documentation française, 2001.

ner les populations sur un territoire donné, contribue en fait à les rassembler. Les bourgs disparaissent, les petites villes meurent au profit des grandes. Les forces centripètes qui poussent à *l'agglomération* semblent beaucoup plus fortes que les forces contraires qui induisent à *la dispersion*. Le téléphone est un exemple des effets paradoxaux qui sont à l'œuvre. Il a été un adjuvant essentiel de l'urbanisation du monde [1]. Au fur et à mesure en effet que les villes se développent, la distance moyenne entre deux personnes qui y résident tend également à s'accroître. Le téléphone permet de compenser cet inconvénient, tout en laissant ouverte la possibilité de se rencontrer en face à face quand les circonstances l'exigent (avoir un dîner entre amis ou tenir une réunion importante). Loin de favoriser la dispersion des activités sur l'ensemble du territoire, le téléphone a ainsi rendu possible l'accroissement de la taille des agglomérations.

La baisse des « coûts de distance » semble donc aiguiser la polarité existant entre un centre et sa périphérie, plutôt que la réduire. L'explication de ce paradoxe découle de la ré-interprétation de la nature du commerce que nous avons déjà esquissée, et qui place les économies d'échelle au cœur

---

1. E. Leamer et M. Storper, *The Economic Geography of the Internet Age*, NBER, 2001.

de l'analyse. Imaginons que deux régions auparavant isolées se trouvent brusquement reliées par un chemin de fer. La région la plus développée pourra alors saisir des parts de marchés croissantes, en faisant jouer ses économies d'échelle. Les mêmes forces qui permettaient au boulanger du village A de prendre le marché du boulanger B sont à l'œuvre. Grâce à la baisse des coûts de transport, il devient en effet possible de livrer des marchandises en des points reculés du territoire sans être obligés de les fabriquer sur place. Si la seconde région n'est pas suffisamment armée pour réagir, elle est vite reléguée dans les activités « primaires », pour lesquelles l'avantage de taille ne joue pas ou peu.

Si la migration se met en place, vidant progressivement la région B de ses meilleurs éléments, l'enchaînement prend un tour irréversible. Les travailleurs se regroupant, il est aussi plus facile pour les firmes situées dans la région prospère de recruter, et pour les travailleurs de trouver un emploi. Les connaissances, les usages sociaux des techniques existantes, sont de ce fait plus facilement propagées. L'inconvénient de rassembler ces activités sur un même site – la congestion, la pollution, ou les loyers élevés – ne semble pas résister aux bénéfices que procure l'agglomération urbaine. Les économistes qui se sont penchés sur les inégalités régionales ont pu vérifier la validité de ces principes. Qu'un TGV relie deux villes, et c'est la ville la moins peuplée qui en subira les conséquences. En Europe, en dépit d'une réduction générale des inégalités entre pays, les inégalités régionales ont cessé de décroître depuis vingt ans.

Conformément au schéma braudélien, la région qui prospère est capable de payer des salaires supérieurs à ceux de la région pauvre. Elle profite des liens en amont qui permettent à une firme de partager avec d'autres producteurs un même marché du travail ou une gamme de sous-traitants ; ce qu'Albert Hirschman a appelé les *backward linkages*. Elle tire également avantage des *foreward linkages*, des liens en aval fournis par la proximité des consommateurs, et la connaissance de leurs goûts. Le schéma qui se dessine est celui d'un « cœur » polyvalent et prospère, et des régions limitrophes hyperspécialisées et pauvres. Retrouvant ici la problématique que Jared Diamond avait esquissée, on peut dire que le centre se définit comme un lieu de forte densité. A l'encontre de la théorie ricardienne selon laquelle il est bon de se spécialiser dans une tâche, émerge ici une idée exactement inverse. Ce qui est bon pour un individu ne l'est pas pour une région ou une nation. Il faut pouvoir compter sur les services d'un fabricant d'ordinateurs proche si l'on en utilise soi-même. On veut bénéficier d'une gamme variée de

débouchés si l'on est sur le marché du travail.
C'est le privilège du centre de disposer d'une telle
gamme de choix, la malédiction de la périphérie
d'en être privée.

La même logique de polarisation entre centre et
périphérie est à l'œuvre dans les agglomérations
urbaines. Depuis l'Empire romain, il faut le même
temps pour qu'un ouvrier, artisan ou paysan, se
rende de son domicile à son lieu de travail. Avec le
RER – on n'ose dire grâce à lui – le même temps
de transport éloigne les ouvriers des centres-villes.
Les cités ouvrières sont désormais si loin du centre
qu'elles ne seront jamais plus rattrapées par la
ville, alors qu'hier les faubourgs étaient progressivement absorbés par la croissance urbaine. Avec le
RER, les habitants des cités peuvent se rendre le
samedi soir en centre-ville pour aller au cinéma, au
restaurant. Les points de sortie du RER que sont
les Halles ou les Champs-Elysées à Paris sont,
l'espace d'un week-end, des annexes des banlieues
auxquels ils sont rattachés. Cela signifie en retour
que ces banlieues ne deviennent jamais des villes à
part entière où se déploie un espace public
« normal ». Ce sont des cités-dortoirs ; la vie de la
ville est ailleurs.

Zara ou Barbie

La dissociation entre le centre et la périphérie est également à l'œuvre dans le domaine productif. Si l'on prend l'exemple des services financiers, il existe des *back offices* et des *front offices*, longtemps hébergés ensemble dans le QG des grandes banques. Situés à Londres ou à New York, les *front offices* se caractérisent alors par une concentration particulièrement forte en personnel à haute valeur ajoutée, à hauts salaires. Grâce à Internet, les *back offices* peuvent être délocalisés n'importe où, au Sénégal ou au Maroc par exemple, dans le cas français. De la même manière, les services téléphoniques américains font appel aux Philippines pour assurer leur permanence nocturne : grâce au décalage horaire, ils offrent en effet un service usager 24 h sur 24. Les centres téléphoniques philippins peuvent donner des renseignements téléphoniques, transcrire des ordonnances médicales pour des hôpitaux et des centres de soins... La

différence de fuseaux horaires permet aux médecins de laisser leurs rapports médicaux le soir,
pour les retrouver tapés le lendemain matin [1]. Les
médecins restent à New York, les secrétaires peuvent être à Bombay. La dichotomie centre/périphé-
rie s'inscrit au cœur même du processus productif.

Une dialectique plus subtile est toutefois ali-
mentée par l'arrivée d'Internet. La société de
l'information permet en effet une production
flexible, « juste à temps » et « sur mesure [2] ». Ce

_____

1. Voir A. Goldstein et D. O'Connor, « Production Location
and the Internet » in Cohen *et al., The ICT Revolution, op. cit.*

2. Ces méthodes de production nouvelles ne sont pas créées
par la révolution informatique ; elles reprennent en partie les
méthodes expérimentées dans les années soixante au Japon et
qu'on associe au « toyotisme ». L'informatique permet toutefois
d'en radicaliser l'usage et crée de nouvelles applications dans lesquelles se développe l'idée de la « mise en réseau » d'unités de
productions complexes, au sein et à l'extérieur de la firme (l'exter-
nalisation massive aux sous-traitants jouant un rôle considérable).
L'étude menée par Philippe Askenazy montre que l'informatique
n'est en fait utile qu'à la condition que cette réorganisation du travail
ait eu lieu. A partir de données individuelles d'entreprises américaines, il établit tout d'abord que l'informatisation des entreprises,
toutes choses égales par ailleurs, est sans effet mesurable sur la
productivité de l'entreprise. Dans les entreprises « réorganisées »
selon les méthodes de la *lean production*, ses estimations montrent
que l'informatique augmente la croissance de productivité totale des
facteurs de près de 1 % l'an en moyenne tandis qu'elle la diminue
dans les autres. En d'autres termes, l'informatique est un gadget
inutile et coûteux pour les entreprises qui n'ont pas repensé leurs
méthodes organisationnelles et au contraire un instrument précieux
de valorisation de celles-ci pour celles qui les ont adoptées. (Philippe
Askenazy, *La Croissance moderne*, Paris, Economica, 2002.)

qui explique d'ailleurs que la révolution informatique soit avant tout une révolution de l'organisation du travail, dont les objectifs sont l'adaptabilité à la demande et la réactivité. Il ne s'agit plus désormais de produire d'abord et de vendre ensuite, mais bel et bien d'un constant aller-retour entre la production et la consommation, dans lequel la clientèle devient quasiment le donneur d'ordres de la production. L'exemple de Zara illustre parfaitement ce qui est en jeu. Son fondateur Amancio Ortega a été l'un des pionniers de l'utilisation des nouvelles technologies dans le secteur du textile. Alors que Gap suit le modèle habituel des quatre séries de modèle par an, le stock de Zara connaît une rotation beaucoup plus rapide, il est renouvelé toutes les deux semaines. Le temps qui sépare conception et exécution est de cinq semaines chez Zara, là où chez Gap ce délai est de neuf mois. La performance de Zara est le fait d'une « armada » de 200 stylistes qui produisent 12 000 designs différents par an. L'idée de base est de jouer sur l'impatience du consommateur. Si un produit lui plaît, le consommateur doit l'acheter tout de suite, ou risque de ne plus le retrouver ensuite. Zara gère en temps réel les modes, les goûts des consommateurs en fonction des ventes. Les ventes sont reliées à la fabrique ultra-moderne de Galice. Si le bleu ne se vend pas, on opte pour le rouge. Zara a bien des stocks mais uniquement de produits textiles bruts, pas de vêtements à proprement parler. Les magasins sont livrés par camion, sauf les boutiques de New York.

Zara incarne une manière originale de combiner les avantages d'être proche du centre, du consommateur final et de pouvoir compter sur une main-d'œuvre relativement bon marché. Il loge ses usines dans une zone encore périphérique de l'Europe, la Galice, suffisamment proche néanmoins pour être à faible distance des magasins. Ce dilemme permanent entre la localisation près du « centre » où la vie est chère, et la production dans la « périphérie », où tout l'est moins, est une tension constante de l'économie marchande. Déjà, au XVIIIᵉ siècle, les campagnes avaient concurrencé les villes, par ce qu'on a appelé la proto-industrialisation, en contournant la cherté des villes et le pouvoir des corporations d'artisans, les guildes, qui détenaient le monopole de leur métier. Jusqu'où peut-on s'éloigner pour combiner les avantages de la flexibilité et éviter l'inconvénient des coûts élevés ? Zara a choisi une voie médiane, mais l'éventail reste large. Les multinationales hésitent elles-mêmes entre deux modèles. Longtemps, elles ont cherché à se rapprocher d'un marché prometteur [1]. McDo s'installe en France

---

1. L'activité des firmes multinationales américaines illustre parfaitement le double processus à l'œuvre (Hanson *et al.*, NBER,

pour vendre non ses produits (ils sont fabriqués localement) mais sa marque et son savoir-faire. Pour l'essentiel, ce sont bel et bien les consommateurs des pays où ils s'installent qui intéressent principalement ces firmes multinationales. Pendant des décennies, leurs investissements directs à l'étranger se sont principalement portés vers les pays riches eux-mêmes. C'est encore le cas aujourd'hui, même si le premier pays récipiendaire est désormais la Chine. De même, les investissements directs vers un pays sont d'autant plus forts que ce pays a accru ses barrières douanières : les investissements sur place sont une manière de contourner l'obstacle tarifaire et d'atteindre le client. C'est ainsi que les firmes automobiles japonaises ont multiplié – au début des années quatre-vingt – leurs investissements aux Etats-Unis, pour contrer les tentations protectionnistes des Américains.

Si cette représentation est encore juste vers le milieu des années quatre-vingt, elle est en constante évolution depuis. Les multinationales s'installent à présent dans les pays où les tarifs doua-

---

n° 8433, août 2001). Elles réalisent un chiffre d'affaires mondial de 21 000 milliards de dollars. Elles emploient 7 .nillions de personnes. Elles sont le *big power* qui inquiète. L'activité des firmes multinationales est à l'image du commerce mondial, dont elles sont d'ailleurs le principal vecteur ; 77 % des ventes réalisées par elles sont, en 1998, à destination des pays de l'OCDE.

niers sont bas, afin de les utiliser comme plate-forme de la ré-exportation. Dans l'Asie orientale, c'est en moyenne 50 % de la production qui est ré-exportée. Cette ré-exportation se fait, le long d'une chaîne de production qui devient de plus en plus subtile, vers d'autres pays asiatiques principalement, avant que le produit final soit finalement envoyé aux Etats-Unis. La célèbre poupée Barbie offre un modèle étonnant de ce qu'on appelle la « désintégration verticale » du processus de fabrication. La matière première, le plastique et les cheveux viennent de Taïwan et du Japon; l'assemblage est fait aux Philippines avant de se déplacer vers des zones de salaires plus bas, l'Indonésie ou la Chine. Les moules proviennent des Etats-Unis tout comme la dernière touche de peinture avant la vente [1]. A l'inverse de Zara qui

---

1. En 1925, les Etats-Unis réalisaient encore 90 % de leurs importations dans deux secteurs : les produits à destination du secteur agro-alimentaire et les matières premières à destination du secteur industriel. Les importations de produits semi-finis pour l'industrie automobile, par exemple, ne dépassaient pas 0,02 % des importations totales. Ses importations de biens d'équipement en général n'excédaient pas 0,4 % des importations totales. En 1995, la majorité des importations américaines sont des produits intermédiaires achetés par des firmes industrielles. Pour les pays européens (France, Allemagne et Royaume-Uni), c'est plus de la moitié des produits intermédiaires qui sont désormais importés. Ce que ce processus désigne est une nouvelle « spécialisation verticale », qui se substitue à la « spécialisation horizontale » dont la baguette et le pain brioché avaient donné l'exemple.

intègre production et consommation, Barbie pousse jusqu'à ses conséquences extrêmes la recherche du plus bas coût par le recours à une sous-traitance généralisée [1].

Rien n'illustre mieux toutefois ces deux tentations de la mondialisation – produire très loin et très bon marché – ou moins loin et plus cher, que la rivalité sourde entre le Mexique et la Chine.

---

1. Toutes industries confondues, la part de la ré-exportation des firmes multinationales est stable à 34,5 %. Elle progresse toutefois pour l'industrie manufacturière de 34 à 44 % ; elle baisse en revanche pour les services de 41 % à 34,5 %. Il existe un léger décalage entre la répartition des ventes et celle de l'emploi : 65 % des employés sont dans les pays de l'OCDE, 77 % des ventes. L'activité hors de l'OCDE a connu un basculement au cours des deux dernières décennies. 15 % en Amérique latine et 6 % en Asie en 1982. Désormais, ces deux espaces font quasiment jeu égal : 11 % en Amérique latine et 10 % en Asie, où le taux de croissance a été spectaculaire – les ventes y ont été multipliées par 2,5 et l'emploi par 2. Alors que l'emploi global des firmes multinationales n'augmentait que de 25 %, il doublait en Asie au cours des années 1989-1998 ! En Chine, la progression a été de 53 % chaque année. Faut-il voir dans cette progression chinoise ou asiatique une modalité traditionnelle de l'investissement direct : se rapprocher d'un marché en croissance ; ou s'agit-il d'une décision qui s'inscrit davantage dans le processus de désintégration verticale ? 20 % des ventes des multinationales sont en fait dans le commerce et la distribution (contre 15 % en 1980). Ce chiffre illustre à lui seul l'importance de la seule activité de commercialisation de marques et de produits. Dans les pays européens de l'OCDE, tout montre que l'activité des firmes multinationales reste traditionnelle. La part des exportations réalisées par les filiales est restée stable au cours des 20 dernières années : environ un tiers de la production est ré-exportée vers d'autres pays (européens).

L'accord de libre-échange signé en 1994 désignait le Mexique comme le sous-traitant déclaré des Etats-Unis. Depuis cet accord, le Mexique est de fait devenu une plate-forme de ré-exportation grâce à ce qu'on nomme les *maquiladoras*. Alors que seulement 10 % de la production des firmes américaines installées au Mexique était ré-exportée en 1982 vers les Etats-Unis, c'est désormais le cas de 40 % de leur production locale. L'emploi mexicain est aujourd'hui majoritairement situé à la frontière avec les Etats-Unis, alors que dans les années quatre-vingt il était principalement regroupé dans la région de Mexico. Suivant ce qu'on peut appeler le modèle Zara, les multinationales américaines importent désormais 30 % de leurs besoins de leurs filiales mexicaines ou canadiennes. Mais la Chine, plus éloignée mais beaucoup moins chère, a connu une évolution parallèle. Au début des années quatre-vingt les multinationales installées en Chine n'exportaient que 20 % de leur production. Le chiffre a doublé depuis [1]. Tout le débat actuel au Mexique est de savoir jusqu'à quel point la Chine se prépare à le déloger des places difficilement acquises. En dépit de sa proximité géographique qui le met « à 24 heures de camion » de ses clients, le Mexique se sent

---

1. Le chiffre est beaucoup plus bas en Inde, du fait précisément de tarifs douaniers qui restent apparemment décourageants.

menacé. Il craint que la côte Est de la Chine ne devienne l'atelier du monde, du moins celui des Etats-Unis. On a ici une illustration des forces « d'agglomération », dans un pays du Sud. Car la Chine est elle-même en passe d'organiser entre la côte Est et ses quelque 800 millions de paysans pauvres une nouvelle dualité centre-périphérie. Les inégalités entre les deux groupes ont quasiment doublé au cours des 20 dernières années (passant de 1 à 2 à 1 à 4). Les tensions Sud/Sud promettent ici d'être au moins aussi intenses que celles qui opposent le Nord et le Sud.

CONCLUSION

La leçon que le Mexique est en train de recevoir est simple, et anticipe celle que la Chine entendra peut-être un jour. Un pays ne peut compter sur la seule division internationale du travail pour espérer prospérer. Pas plus qu'hier l'industrialisation des pays riches n'était responsable de la pauvreté du tiers-monde, la désindustrialisation des premiers ne créera à elle seule demain la prospérité des seconds. Pour se développer, un pays doit devenir à son tour un « centre », c'est-à-dire un lieu dense de production et de consommation. Parce qu'elle fait naître l'illusion d'un monde sans frontières, la nouvelle économie laisse espérer que la fracture Nord-Sud va être résolue. La réduction du coût de la distance ne rapproche pourtant par elle-même ni les gens ni les richesses. Elle tend plutôt à aiguiser la polarité entre le centre et la périphérie, à l'image du centre-ville et de ses banlieues. Contrairement toutefois au schéma braudélien où la périphérie vivait une « histoire qui coule au ralenti... », la vie dans les banlieues illustre la nouveauté de la nouvelle économie-monde. Par le RER ou le cinéma, les banlieues de Paris ou du Caire, le Mexique ou la Chine ont le regard braqué sur le monde; c'est le monde qui les ignore.

CHAPITRE IV

Le choc des civilisations ?

Le choc des populations

Selon les projections des Nations unies, le monde devrait compter 9 milliards d'habitants en 2050, contre 6 milliards aujourd'hui. La moitié de l'augmentation prévue est concentrée sur six pays, l'Inde pour 21 %, la Chine pour 12 %, le Pakistan pour 5 %, le Bangladesh et le Nigeria pour 4 % chacun ; les Etats-Unis sont le seul pays riche à se joindre au groupe, à hauteur de 4 %. L'Inde et la Chine compteront, à eux deux, plus du tiers de la population mondiale. Le seul continent dont le nombre (absolu) d'habitants décroîtra sera le nôtre : il y aura alors 630 millions d'Européens, contre 730 millions aujourd'hui [1]. Au cours des 50 prochaines années, 90 % des nouveaux habitants viendront des pays pauvres. Le nombre d'Afri-

---

1. L'Europe des Quinze passera de 380 millions à 370 millions d'habitants.

cains doublera d'ici à 2050, malgré des conditions sanitaires déplorables et l'effet du sida. Il y aura 1,8 milliard d'Africains contre 850 millions aujourd'hui.

Pour « nous, Occidentaux », le seul modèle de développement possible semble être celui qui s'appuie sur la transition d'un régime de haute à basse fécondité féminine. Le développement économique tel que nous l'entendons passe par une séquence où la richesse accroît le revenu des individus, et non pas leur nombre. Ce basculement inclut deux ruptures essentielles, vis-à-vis des personnes en général, et des femmes en particulier. Le soin apporté aux personnes, en matière de santé, d'éducation est le premier facteur qui fait désirer une transition où la « qualité » de la vie se substitue à la « quantité », pour reprendre une formule à dessein provocatrice employée par l'économiste Gary Becker. La place des femmes dans la société est l'une des variables cardinales par lesquelles on mesure plus directement ce changement. Amartya Sen a attiré l'attention des économistes sur ce qu'il a appelé les « femmes manquantes [1] ». Dans les statistiques de la population, on trouve, dans les pays pauvres, un déficit inquiétant de femmes, signe éprouvant de la violence qui s'exerce à leur

---

1. A. Sen, *Development as Freedom* ; trad. fr., *Un nouveau modèle économique*, Paris, O. Jacob, 2000.

encontre, et qu'on ne peut s'empêcher de relier à la forte fécondité, les cantonnant au statut d'agents reproducteurs.

Peu de débats sont aussi vifs que ceux qui portent sur la question de ce qu'on appelle la « transition démographique », processus par lequel on passe d'un régime de fertilité à un autre. Et peu de choses ont changé depuis cette conclusion désabusée des Nations unies, reprise à son compte par Paul Bairoch, selon laquelle « l'étude empirique et comparative des interactions entre croissance démographique et croissance économique reste l'une des zones les moins bien élucidées dans le domaine des relations mutuelles entre démographie et économie [1] ». Les économistes se déchirent pour savoir dans quel sens fonctionne la causalité. Est-ce la démographie qui cause la pauvreté, les pays épuisant leurs ressources à nourrir une population pléthorique (malgré le dicton du président Mao : une personne de plus c'est une bouche à nourrir mais deux bras pour travailler) ? Ou bien est-ce la pauvreté qui engendre l'explosion démographique, le seul « actif » de précaution que les familles pauvres peuvent accumuler étant leurs propres enfants, pour les aider à supporter les aléas de l'existence ? Le débat est évidemment essentiel,

---

1. P. Bairoch, *Mythes et Paradoxes de l'histoire économique*, *op. cit.*

mais le résultat ne dépend pas de la réponse qu'on y apporte. Au bout du compte, ce sont bien dans les régions les plus pauvres que la démographie est la plus forte. Mécaniquement, quelle qu'en soit la raison, la démographie fait en sorte que le nombre de pauvres tende toujours à s'accroître.

S'interrogeant sur le sens de la causalité en jeu, il est facile de caricaturer la thèse qui voudrait que l'explosion démographique tue la croissance ou l'idée inverse qui nierait toute relation entre les deux. Les « optimistes » se rassurent à trop bon compte et les « alarmistes » s'inquiètent trop vite. Contre ces derniers, on peut tout d'abord avancer que les relations statistiques « globales » ne montrent aucune relation significative entre croissance démographique et revenu par tête [1]. L'idée qu'une forte croissance démographique est toujours synonyme de pauvreté n'est pas vraie. En Asie, où l'on observe la croissance du revenu par habitant la plus forte du monde, la croissance démographique compte également parmi les plus rapides. Parmi les pays à revenus intermédiaires, on trouve des pays tels que l'Argentine où les deux baissent en même temps, mais aussi le Botswana où, au contraire, elles augmentent simultanément. Dans les nations industrielles enfin, croissance démogra-

---

1. Voir par exemple Bill Easterly, *The Elusive Quest for Growth*, Cambridge, MIT Press, 2002.

phique et croissance tout court ont baissé au cours des trente dernières années.

Il est toutefois difficile de ne pas suivre Bairoch lorsqu'il remarque combien la clochardisation des villes du tiers-monde est associée à l'explosion démographique sans précédent qui l'accompagne[1]. Entre 1950 et 1990, le nombre de citadins dans le tiers-monde a enregistré un taux de croissance deux fois supérieur à celui qu'ont connu les pays riches à l'époque de leur croissance maximale. Les bidonvilles ont proliféré. En 1980, ils abritaient 40 % de la population urbaine du tiers-monde. Selon les Nations unies, les villes du tiers-monde vont passer de 2,8 milliards d'habitants en 1990 à 5,8 milliards en 2025. Dans les campagnes, les chiffres ne sont pas moins préoccupants : la démographie du monde rural a crû à un rythme tout aussi impressionnant, « ce qui ne fit que détériorer le rapport déjà défavorable entre les terres disponibles et cette population ». Vers 1950, le travailleur agricole d'un pays pauvre ne disposait déjà que de 2,4 hectares environ de terre agricole alors qu'en Europe le minimum historique était de 3,6 hectares. Aux Etats-Unis, le chiffre correspondant est de 14,6 hectares. Dans le tiers-monde, il est descendu en 1990 à 1,8 hectare (et

---

1. Paul Bairoch, *Le Tiers-monde dans l'impasse*, Paris, Gallimard, coll. Idées, nouv. éd. 1983.

jusqu'à 0,4 hectare au Bangladesh). Quelques chiffres donneront une idée de l'ampleur du phénomène. Dans le cas égyptien par exemple, la démographie prend des allures vertigineuses. L'Egypte, l'un des berceaux des civilisations antiques, comptait 13 millions d'habitants en 1913 ; elle en comprend aujourd'hui 70 millions, et va dépasser les 100 millions d'ici à 2025. Or, seuls 4 % du territoire égyptien est arable. Le Caire héberge 23 millions d'âmes. Le Brésil est un autre exemple : la population comptait 52 millions de personnes en 1950 ; elle atteint 170 millions en 2000.

Bairoch ironise sur la coalition improbable des marxistes et de l'Eglise catholique, lesquels se sont retrouvés pour s'opposer au contrôle des naissances. L'Eglise catholique au nom de son combat contre la contraception en général, les marxistes invoquant le débat qui avait opposé Marx à Malthus sur l'auto-paupérisation des ouvriers. L'ironie de l'histoire veut que les pays réputés marxistes, tels que la Chine ou Cuba, soient néanmoins parmi ceux qui ont imposé un des contrôles les plus stricts des naissances. Ces mesures coercitives sont rarement le fait des gouvernements soucieux des droits de l'homme...

La transition démographique peut-elle s'exporter ? Ou bien faut-il se résoudre à admettre que l'on tient ici le cœur de ce qu'on désigne avec

Huntington comme le « choc des civilisations [1] », à savoir l'incapacité où seraient certaines sociétés de rompre le lien patriarcal et l'exploitation des femmes ? La réponse est simple : la transition a déjà commencé ! Dans tous les pays du globe, et singulièrement dans l'ensemble des pays pauvres, la fécondité féminine est en train de plonger vers le seuil de reproduction de 2,1 enfants par femme. Dans les régions pauvres, la chute de la fertilité féminine a été impressionnante. On est passé, en moyenne, de 6 enfants par femme en 1950 à 5 enfants en 1970, puis à 4 en 1980 et enfin à 3 enfants aujourd'hui. Le phénomène le plus important de ce début de XXIe siècle reste ainsi singulièrement méconnu, sinon des spécialistes. La plupart des 143 pays appartenant au groupe des pays pauvres connaissaient il y a trente ans une fertilité supérieure à 5 enfants par femme ou plus. Aujourd'hui ils ne sont plus que 49 dans ce cas, tandis que 21 d'entre eux enregistrent déjà une fécondité féminine en deçà du seuil de reproduction [2].

Aucune religion n'échappe à la règle. Au Brésil, pays très catholique et longtemps à forte démogra-

---

1. Samuel Huntington, *The Clash of Civilizations*, New York, Simon and Schuster, 1996 ; trad. fr. *Le Choc des civilisations*, O. Jacob, 2000.
2. Je suis ici le rapport des Nations unies, *Completing the Fertility Transition*, Population Division, New York, 2003.

phie, le taux de fertilité est passé en moins de 20 ans de 4 enfants par femme à 2,3 enfants. Entre 1950 et 2000, l'Egypte a vu son taux de fécondité chuter de 7 enfants à 3,4 ; l'Indonésie de 5,6 enfants à 2,6. En Inde, la fécondité passe au cours de la même période de 6 à 3,3 enfants. Et naturellement la Chine, par des méthodes il est vrai douteuses, est désormais en deçà du seuil de reproduction et compte 1,8 enfant par femme. Qu'est-ce qui a déterminé cette chute colossale ? Les experts, on l'a dit, ont souligné l'importance du développement économique, de la scolarisation, celle des filles notamment [1]. L'éducation des femmes est censée offrir des opportunités de carrières, qui

---

1. En établissant un lien mécanique entre les progrès de la médecine, la réduction de la mortalité infantile, et l'explosion démographique, on omet un facteur fondamental. En dépit des améliorations enregistrées, on est encore dans les pays pauvres bien loin du compte en matière médicale : la mortalité infantile reste à des niveaux aberrants. Dans les pays les plus riches (le quart supérieur de la planète) 4 bébés pour 1 000 naissances meurent. Dans les pays pauvres, le chiffre atteint 200 enfants morts pour 1 000 naissances. La liste des maladies dont sont affectés ces derniers, la tuberculose, la polio, la diarrhée, l'hépatite, la méningite... est peu ou prou celle qui frappait au XIXe siècle. La carence de vitamine A contribue à la mort de 8 millions d'enfants chaque année ! Quand 20 % des enfants meurent avant 5 ans, les familles ne sont pas libérées du joug du calcul économique. On fait plus d'enfants que ceux vraiment désirés pour se protéger des risques de mortalité. Une baisse modérée de la mortalité peut fort bien produire une hausse de la population, en dépit d'une baisse concomitante de la fécondité.

poussent à réduire ou à retarder les naissances. Indépendamment de ses bénéfices économiques, on a également souligné que la participation des femmes au marché du travail était un facteur de réduction de la fécondité, dès lors qu'elle leur donne une autonomie nouvelle et leur permet de s'opposer au patriarcat. Dans les faits pourtant, on observe une chute démographique, alors même que dans nombre des pays concernés ces évolutions restaient mineures. Non seulement elles se sont produites dans les campagnes autant que dans les villes, mais elles ont également concerné des pays où la participation des femmes au marché du travail demeurait faible. De même, le rôle des indicateurs de développement humain comme l'éducation, même s'ils aident en partie à prévoir la rapidité de la transition démographique, semble faible, voire inexistant, pour en prédire le démarrage.

Le seul continent qui connaisse aujourd'hui une démographie rapide, trop rapide pour ses maigres ressources, demeure l'Afrique. Comme on l'a vu, le nombre d'Africains devrait doubler dans les cinquante prochaines années. La fécondité féminine est toujours de 5 enfants par femme, ce qui marque néanmoins un léger recul par rapport aux chiffres antérieurs. D'autres pays, tous très pauvres, échappent également à la règle, tels le Népal, le Bangladesh, Haïti ou le Guatemala. Une autre exception notable, qui explique peut-être les mal-entendus sur la démographie « islamique », est le Pakistan, où le nombre d'enfants reste au niveau élevé de 5 par femme [1]. En dépit de ces excep-tions, la « transition démographique », entendue comme le passage à moins de 2,1 enfants par femme, pourrait néanmoins être accomplie, selon les Nations unies, dans les trois quarts des pays du monde d'ici à 2050.

Les experts de l'ONU qui se sont penchés sur cette question ont donc été obligés de réviser leurs doctrines [2]. Le déclin de la fertilité semble s'expli-quer davantage par la diffusion des comportements culturels que par la théorie économique des « coûts/bénéfices ». Le nombre de postes de télé-vision est un déterminant plus essentiel de la chute de la démographie que le niveau du revenu ou de l'éducation. Le changement de comportement tient davantage aux nouveaux modèles de référence que les gens veulent adopter qu'à la réalité matérielle des pays où ils résident. En Chine, par exemple, les jeunes Chinoises cherchent à ressembler aux jeunes Japonaises, lesquelles ont fait passer depuis longtemps le Japon en deçà du seuil de reproduc-

---

1. Le Pakistan enregistre également une mortalité infantile ex-trêmement élevée, de 340 enfants pour 100 000 naissances, le double par exemple du chiffre égyptien ; ce qui serait conforme à la théorie esquissée en note 1, page 136.
2. *Completing the Fertility Transition, op. cit.*

tion démographique [1]. La transition démographique s'est produite plus vite dans un pays comme le Brésil, où il n'y a pas eu de politique familiale, qu'au Mexique où le planning familial, a été important. On tient donc ici à nouveau un point essentiel : dans les pays pauvres, les comportements sont en avance sur la réalité matérielle.

La transition démographique forme en grande partie le cœur de la question que l'on associe au « choc des civilisations ». L'opposition entre une société patriarcale et une société « moderne » au sens où on l'entend en Occident gravite bien souvent autour de la question du statut de la femme. Que la moitié du monde, les femmes, s'affranchissent du modèle autoritaire, du moins à l'aune de cet indice, ne peut compter pour rien dans le diagnostic que l'on fait du périmètre des civilisations. Toute la question est de savoir si ce décalage entre la conscience et l'existence du monde pourra durer longtemps [2].

---

1. Le pourcentage des Japonaises qui ne sont pas mariées à 30-34 ans est passé de 7 % en 1970 à 19,7 % en 1995.

2. Dans *Le Capitalisme utopique*, Pierre Rosanvallon a montré que l'idée du capitalisme au XVIIIᵉ siècle semble également précéder sa réalité. Le livre d'Adam Smith *La Richesse des nations* est publié en 1776, alors même que l'auteur ne semble avoir nullement conscience des grandes inventions telles que la machine à vapeur qui allaient façonner le capitalisme. L'Europe est portée à l'époque par une dynamique de croissance interne qui vient de loin ; ici c'est la distance entre la conscience d'un monde déjà fait, le nôtre, et d'un monde qui ne vient pas qui est le plus frappant.

What Went Wrong ?

Dans son ouvrage *Le Choc des civilisations*,
Samuel Huntington place l'islam au centre de la
guerre annoncée entre les religions. L'islam menace le monde, selon lui, non par sa prospérité,
mais en raison de sa démographie. On a vu pourtant que la transition démographique n'épargnait
nullement les pays musulmans. Mais l'islam repré-
sentant 20 % de la population totale et 6 % seulement de la richesse mondiale, la tentation semble
irrépressible de conclure que l'islam a un problème avec le monde moderne en général, et les
questions économiques en particulier. Le cas de
l'islam n'est que l'une des variantes d'un problème mille fois posé. L'idée que la religion puisse
avoir un pouvoir prédictif sur la prospérité matérielle des sociétés doit ses lettres de noblesse au
célèbre essai de Max Weber sur *L'Ethique protes-
tante et l'esprit du capitalisme*. Weber avait don-

141

né, avec d'autres, le coup d'envoi d'une telle réflexion en se demandant « de quelle façon certaines croyances religieuses détermineraient l'apparition d'une "mentalité économique" autrement dit "l'ethos" d'une forme d'économie ».

Observer que les musulmans sont plus pauvres que la moyenne de la population mondiale ne suffit pourtant pas à conclure qu'on trouve une relation de causalité du premier au second terme, pas plus qu'on ne voudrait parier aujourd'hui que l'héritage de Confucius est responsable de la pauvreté chinoise ou qu'on ne songerait à opposer catholicisme et protestantisme pour saisir les différences de richesse entre nations [1]. Chacune de ces observations a pourtant été faite par le passé. Ainsi expliquait-on que, si le Japon avait prospéré et non la Chine, cela tenait au fait que le shintoïsme, « version locale » du protestantisme, s'était imposé dans l'île du Soleil levant, tandis que le confucianisme (plus proche du catholicisme ?...) dominait l'Empire du Milieu [2]. A l'heure où la Chine fait donner le feu d'une production industrielle en croissance de près de 10 % l'an, on ne sait plus

---

1. Cette section reprend un article publié par l'auteur dans *Le Monde* du 6 novembre 2001 « Y a-t-il une malédiction économique islamique ? » ; repris dans *Chroniques d'un Krach annoncé*, La Tour d'Aigues, Editions de l'Aube, 2003.

2. Voir ainsi Michio Morishima, *Why Has Japan Succeeded ?*, Cambridge University Press, 1984.

quoi penser du pouvoir de ces théories pour comprendre ce qui détermine l'aptitude à embrasser le capitalisme. De même si l'Irlande, le Portugal et l'Espagne, pays très catholiques, ont pris en retard le train de la croissance économique, l'Irlande a, d'ores et déjà, dépassé la moyenne européenne et nul ne peut plus douter que l'Espagne ou le Portugal ne parviennent à leur tour à destination, et ne rejoignent aussi le niveau de vie des pays européens les plus avancés. Ni le confucianisme ni le catholicisme n'ont longtemps fait durablement obstacle au capitalisme.

Les erreurs de raisonnement passées, si elles nous mettent en garde contre les extrapolations rapides, ne dispensent pas cependant de reposer le problème à propos de l'islam. Pour trancher « scientifiquement » cette question, il faudrait pouvoir disposer de points de comparaison utiles. Les économistes veulent juger de l'importance spécifique d'un facteur donné en raisonnant « toutes choses égales par ailleurs ». Le plus souvent, la tâche est impossible. A la différence des sciences expérimentales qui peuvent doser la concentration de tel ou tel produit pour juger de ses effets, ils doivent le plus souvent prendre les phénomènes en bloc. Milton Friedman remarquait pourtant que l'entreprise n'est pas toujours vaine. L'Histoire se charge parfois de montrer ce qui s'apparente à des « expériences » qu'on réalise en

143

laboratoire. Qui veut juger, disait-il, de la supériorité de l'économie de marché sur l'économie planifiée n'aura qu'à comparer la Corée du Nord à la Corée du Sud, l'ex-Tchécoslovaquie à l'Autriche, la Lettonie à la Finlande, ou la Chine populaire à Taïwan. Mêmes conditions de départ, même histoire, mêmes peuples, et à l'arrivée un écart indiscutable entre les deux régimes.

A quels pays faut-il donc rapporter l'évolution des pays musulmans ? La réponse est simple : à leurs voisins non musulmans. Autant il est ridicule de comparer l'islam en général au reste du monde, autant on peut s'aventurer à comparer un pays à majorité musulmane à un proche voisin qui ne l'est pas. Qu'observe-t-on si l'on met en rapport par exemple la Malaisie à la Thaïlande, le Sénégal à la Côte d'Ivoire, le Pakistan à l'Inde ? Les premiers cités sont tous à majorité musulmane, les autres, mitoyens ou presque, de toutes les religions. Le résultat est clair : il n'existe aucune différence visible, ou peu s'en faut. La Malaisie dispose d'un revenu annuel par habitant de 6 990 dollars, la Thaïlande de 5 840 dollars, le Sénégal de 1 750 dollars, la Côte d'Ivoire de 1 730 dollars ; le Pakistan de 1 540 dollars et l'Inde de 1 700 dollars. Chiffres au vu desquels il est difficile de conclure que l'islam est un facteur cardinal de croissance. On pourrait étendre la comparaison à d'autres indicateurs du développement humain, espérance de vie, scolarisation. Les similitudes sont plus frappantes que les différences. On retrouve ici l'indice que nous offre la fécondité féminine. L'Indonésie, pays musulman le plus peuplé du monde est en fait, avec la Thaïlande, le pays de la région où celle-ci est la plus basse, atteignant en 2000 un niveau de 2,6 enfants par femme. Le chiffre était exactement le double au début des années soixante. Les Philippines, pays catholique proche disposant pourtant d'un revenu légèrement supérieur, connaît une fécondité plus forte, de 3,6 enfants par femme, l'Inde se situant à un niveau intermédiaire (3 enfants par femme).

Comment comprendre une telle influence de la proximité géographique par rapport au rôle joué par la référence à des modèles religieux ? On peut penser au commerce, aux migrations... Les mêmes mécanismes de diffusion des comportements qui expliquent la transition démographique sont sans doute les plus puissants. Lorsqu'un pays voisin entreprend quelque chose qui réussit, on finit fatalement par faire pareil. Les blocs régionaux semblent manifester une tendance à la convergence. L'Europe occidentale, très diverse à la fin du XIXe siècle, a enregistré à l'aube du XXIe siècle une convergence assez nette. L'Amérique du Sud, si l'on en juge par la performance du Chili, de l'Argentine et du Brésil, connaît un destin parallèle. On peut faire le même constat aujourd'hui en Asıe. Ainsi en avait-il été au XIXᵉ siècle où la révolution industrielle, partie d'Angleterre, avait gagné la France, puis l'Allemagne avant de toucher, presque un siècle plus tard, la Russie (chrétienne) où elle s'est finalement enlisée. De même, rien ne fut plus important pour l'Asie que la réussite de Taïwan ou de la Corée du Sud ; et rien ne le serait davantage pour l'Afrique que celle de l'Afrique du Sud ou du Nigeria.

Ces comparaisons ne suffiront pas à convaincre les sceptiques. On pourra répondre qu'elles sont choisies de façon arbitraire au secours d'une démonstration connue d'avance. Tel n'est pas le cas. Il n'existe au cours du XXᵉ siècle aucune différence statistiquement significative entre les pays musulmans et leurs voisins en matière de croissance économique. Ce que les économistes ont en effet appris de la richesse des nations est l'importance de la géographie. Il n'existe pas de meilleur prédicteur de la croissance d'un pays que le taux de croissance de ses voisins immédiats. C'est l'Afrique qui a un problème, pas l'Afrique musulmane comparativement au reste du continent. C'est l'Asie qui connaît une crise en 1997, pas la Malaisie ou l'Indonésie comparativement à la Thaïlande ou aux Philippines. Et revenant à la question posée, il serait donc plus sage de parler de l'Asie centrale ou du Moyen-Orient que de l'islam en général.

MAHOMET ET CONFUCIUS

Dans un livre à succès, *What Went Wrong?*, Bernard Lewis s'interroge, lui aussi, sur les raisons du retard musulman [1]. Comment comprendre que cette civilisation, très en avance sur l'Occident au début du deuxième millénaire, perde pied entre le XVIe et le XVIIe siècle ? « Lorsque la puissance musulmane était à son apogée, rappelle Lewis, seule une autre civilisation, la Chine, pouvait se comparer à elle par l'ampleur, la qualité et la diversité de ses réalisations. » L'islam a constamment été un passeur entre l'Occident et l'Orient. Elle offre à l'Occident le papier, venu de Chine, la numération décimale empruntée à l'Inde. Gardienne de la Bibliothèque d'Alexandrie, elle lui restitue sa propre histoire, la philosophie grecque. « Dans la plupart des domaines artistiques et scientifiques, l'Europe médiévale était à l'école du monde musulman... » Joel Mokyr, dans un ouvrage consacré à l'histoire des techniques *The Lever of Riches*, rappelle aussi la variété des emprunts faits par l'Occident à l'islam [2]. Dans le

1. Trad. fr. : *Que s'est-il passé ?*, Paris, Gallimard, 2002.
2. Joel Mokyr, *The Lever of Riches*, Oxford University Press, 1990.

domaine agricole, l'islam a appris à l'Occident comment maîtriser des systèmes complexes d'irrigation. Il a également apporté à l'Occident le riz, le blé dur avec lequel on fait des pâtes, les oranges, les citrons, les bananes et les pastèques, les asperges, les artichauts, les épinards et les aubergines. Dans le domaine industriel, l'islam était particulièrement en avance pour le textile. L'origine des mots a valeur de catalogue : les mousselines viennent de Mossoul en Irak, la soie damassée de Damas, les futaies viennent de Fustat, un faubourg du Caire. On doit aussi à l'islam d'avoir introduit le coton. Le cuir à Cordoue était l'une de leurs spécialités, ainsi que la métallurgie, illustrée par les épées de Tolède.

Et puis, soudain, le rapport entre les deux civilisations s'inversa. Avant même la Renaissance, les Européens se mirent à faire de sérieux progrès dans les arts et la culture. A la Renaissance, ils accomplirent de grands bonds en avant, laissant loin derrière l'héritage scientifique, technique et même culturel du monde musulman. Le problème ne venait pas, ajoute Lewis, et comme d'aucuns l'ont prétendu, du déclin du monde musulman. L'Empire ottoman et ses forces armées étaient aussi efficaces qu'ils l'avaient toujours été, en termes traditionnels. Dans ce domaine comme en bien d'autres, c'étaient l'inventivité et le dynamisme déployés par l'Europe qui creusaient l'écart entre les deux camps. Le canon, le mousquet et les longues-vues furent importés d'Occident sans problème par le Moyen-Orient. Mais ce fut tout. « La Renaissance, la Réforme, la Révolution scientifique sont passées complètement inaperçues, et n'ont eu aucune répercussion au Moyen-Orient. » Ce n'est tardivement, vers la fin du XVIIIᵉ siècle, que « savoir parler aux Européens et savoir ce qui se passait chez eux » devint un atout majeur dans la carrière ottomane. Mais il était trop tard. L'essor occidental a pris par surprise le monde musulman.

Ce destin de l'islam qui semble si particulier n'a en fait rien d'original. On observe un cheminement presque identique en Chine. D'abord ouverte et curieuse du reste du monde, la Chine se ferme brutalement au reste du monde, à l'heure même où l'Europe commence son ascension. L'image d'une Chine refermée sur elle-même et ne recevant qu'avec méfiance les marchands étrangers ne vaut qu'après le XVIᵉ siècle. L'Empereur Kao Tsung, en 1137, expliquait ainsi : « Les profits du commerce maritime sont très importants. Correctement gérés, ils peuvent rapporter des millions : n'est-ce pas préférable au prélèvement de l'impôt sur le peuple ? » Cette politique connut un nouvel élan sous la dynastie mongole (1280-1368). Les marchands étrangers sont bien accueillis. Soutenue par l'introduction d'une variété de riz efficace, venant rapidement à maturité et permettant deux à trois récoltes par an, la Chine connaît alors une période de prospérité économique proche de celle dont les pays européens bénéficieront au XVIIIᵉ siècle. Une politique de stockage de céréales fut mise en œuvre pour éviter les famines. Le papier monnaie est rétabli et devient la seule monnaie légale. Des canaux sont creusés, le trafic côtier développé. C'est au cours de cette période qu'a lieu le célèbre voyage de Marco Polo.

A l'aube du XVᵉ siècle, quelques années avant que Christophe Colomb ne lance trois frêles caravelles sur les mers, la Chine expédie à travers l'océan Indien, jusqu'à la côte Est de l'Afrique, des flottes formées de plusieurs centaines de navires de quelque 120 mètres de long et un total de 28 000 hommes d'équipage. Pourtant, en 1490, tout juste avant la découverte de l'Amérique par Colomb, l'arrêt des expéditions et les mesures de fermeture de la Chine aux étrangers sont décidés. Les portes de l'Empire céleste se referment brutalement, après une révolution de palais qui oppose les eunuques, favorables à la poursuite de l'ouverture, et la Cour impériale, qui y est hostile. La société reste féconde, mais le déclin a commencé [1].

---

1. En 1368, les Mongols perdent le pouvoir. Les Ming, la plus longue dynastie chinoise, gouvernent jusqu'en 1644. Sur tous ces points, voir aussi Paul Bairoch, *Victoires et déboires*, *op. cit.*

Commentant l'épisode, Jared Diamond fait cette remarque essentielle sur la différence entre l'Europe et les Empires tels que la Chine. En Chine, une décision au sommet suffit à elle seule à interrompre toute une chaîne de développement. En Europe, au contraire, un pionnier tel Christophe Colomb essuiera cinq échecs avant de convaincre un prince européen, parmi des centaines, de le financer. Grâce à sa fragmentation politique, et non malgré elle, l'Europe se révèle une terre propice aux innovations. Le même scénario se reproduira avec le canon, l'éclairage électrique, l'imprimerie et d'innombrables autres innovations. Dans certaines parties de l'Europe, chacune de ces nouveautés fut au départ négligée, quand elle ne suscita pas une franche hostilité pour des raisons idiosyncrasiques ; mais sitôt adoptée en un lieu, elle finit par se propager au reste du Continent. En Chine, parce que l'isolement a été décidé une seule fois, une longue période de fermeture commence après 1490, qui ne prendra fin qu'en 1842, avec le traité de Nankin, lorsque l'Angleterre obligera la Chine à ouvrir ses ports au trafic de l'opium [1]. A partir de 1870, la Chine devient une semi-colonie. La révolte des Boxers commence en février 1900,

---

1. A partir de 1858, les Anglais obtiennent l'autorisation de faire naviguer leurs canonnières sur les rivières à l'intérieur de la Chine et le droit d'installation et de commerce des Européens à l'intérieur.

dure jusqu'en septembre 1901 et achève sa mise sous tutelle par les puissances occidentales.

Jusqu'en 1450, la Chine a été donc beaucoup plus innovante que l'Europe. On lui doit « les écluses, la fonte, le forage profond, les harnais, la poudre à canon, les cerfs-volants, les compas magnétiques, le papier, la porcelaine, l'imprimerie, le gouvernail à étambot et la brouette [1]... ». Puis elle a cessé d'innover. Comme l'islam, elle s'est refermée, au moment même où l'Europe était en plein essor. Ce décrochage précède la révolution industrielle anglaise. Contrairement à ce que pensait Paul Bairoch, l'Europe a déjà distancé la Chine ou l'Inde à l'orée de la mondialisation du XIXe siècle. Selon Maddison qui fait aujourd'hui autorité, les chiffres sont déjà dans un rapport de 1 à 2 en 1820 [2]. Toute l'histoire du XIXe siècle verra cet écart se creuser, non parce que l'Inde s'appauvrit, mais parce qu'elle ne parvient pas à suivre la prospérité britannique. En 1948 pourtant, Tchang Kai-Chek fuit le Continent et s'installe à Taïwan. Cinquante ans plus tard, le niveau de vie des Chinois taïwanais a quasiment rejoint le niveau anglais. Il est possible de dire que la Chine

---

1. Joseph Needham y a consacré 14 volumes dans sa somme *Science and Civilization in China*.

2. Angus Maddison, *The World Economy, A Millennium Perspective*, OCDE, Centre du Développement, 2001.

continentale veut tout simplement faire à son tour comme Taïwan. Et il est difficile de trouver des raisons « culturelles » pour lesquelles elle n'y parviendrait pas. Toute analyse par la religion ou la civilisation du retard chinois ou musulman qui le rendrait rédhibitoire s'expose au risque d'être contredite lorsque seront renversés les régimes politiques auxquels on a identifié chacune de ces deux civilisations.

CHAPITRE V

La croissance indigène

La quête du Graal

Lorsque vint l'heure de la décolonisation, l'idée que les pays nouvellement indépendants pourraient annuler leur retard par des politiques volontaristes a fait battre le cœur de tous les peuples libérés de la tutelle de leurs anciens maîtres. Affranchis de « l'esprit du colonialisme », rien ne devait faire obstacle à leur prospérité. William Easterly a écrit un livre passionnant, *The Elusive Quest for Growth,* formidable introspection d'un économiste bien intentionné de la Banque mondiale qui se penche sur ce passé récent et son propre passé [1]. Il rappelle les débuts en fanfare de la décolonisation à partir de l'exemple du premier pays africain qui l'ait obtenu, en mars 1957, le Ghana. Le vice-président Nixon s'est rendu à la cérémonie d'inauguration du nouveau président Nkrumah.

---

1. *Op. cit.*

« Comment se sent-on quand on est libre ? » demande Nixon, selon la légende, à deux officiels. « Aucune idée, lui répondirent-ils, nous venons d'Alabama. » Le Ghana produit alors les deux tiers du cacao mondial. Il bénéficie des meilleures écoles qui existent en Afrique ; les services de santé sont bons. Le jour de la cérémonie, l'excitation est palpable. Sitôt investi, Nkrumah engage un projet pharaonique : une industrie intégrée d'aluminium. Un immense barrage hydraulique en amont doit fournir de l'électricité à un complexe qui alimenterait toute la chaîne de production. Les experts ont multiplié les encouragements, ajoutant que le barrage créerait de toutes pièces une nouvelle industrie de la pêche. Avec le soutien des gouvernements anglais et américains, et celui de la Banque mondiale, le barrage d'Akosombo fut effectivement construit. L'usine d'aluminium aussi, dans les délais. Le 19 mai 1964, le président Nkrumah, au cours d'une cérémonie grandiose, ouvrit les vannes du barrage.

Quarante ans plus tard, les Ghanéens ne sont guère plus riches qu'en 1957. La production d'aluminium a crû en moyenne de 1,5 % l'an entre 1969 et 1992. Mais aucune « externalité » ne s'est manifestée. La pêche n'a nullement progressé. Le désastre écologique du barrage a multiplié les maladies telles la malaria et la schistosomiase. L'idée que le lac serve de moyen de communication entre le Nord et le Sud s'est achevée en mascarade. Tout ce qui pouvait mal se passer advint. Nkrumah fut renversé par un coup d'Etat en 1966. Ce fut le premier d'une série qui devait en compter cinq au cours des quinze années qui suivirent. Lorsqu'il fut destitué, la foule manifesta sa liesse. Ses projets pharaoniques avaient affamé la capitale, Accra, et précipité l'inflation. L'enthousiasme des Ghanéens aurait été moindre s'ils avaient su ce qui les attendait. Les militaires restaurèrent la démocratie, pendant deux ans, de 1969 à 1971, sous la présidence de Busia. Puis l'armée s'en débarrassa. Dans les années soixante-dix, les famines réapparurent. Au début des années quatre-vingt, le revenu moyen était réduit d'un tiers par rapport à son niveau de 1971. Il atteint son étiage en 1983, lors de la grande sécheresse qui rendit le barrage inutilisable. Cette année-là, les Ghanéens n'ont bénéficié que des deux tiers du niveau calorique jugé indispensable à une alimentation normale. La malnutrition fut responsable de la moitié de la mortalité infantile. En 1983, le revenu moyen avait régressé en deçà de ce qu'il était au moment de l'Indépendance, en 1957.

Certes, beaucoup d'erreurs techniques expliquent ce désastre, et le Ghana n'est qu'un exemple parmi beaucoup de stratégies d'investissements avortées. W. Easterly donne ainsi l'exemple de la Tanzanie, où une usine de chaussures flambant neuve, financée par la Banque mondiale, était censée fournir la totalité du marché tanzanien, et permettre l'exportation de quatre millions de paires de chaussures par an vers l'Europe. L'usine, propriété du gouvernement tanzanien, n'a jamais dépassé un usage équivalant à 4 % de ses capacités de production. Elle n'était pas adaptée au climat tanzanien; ses murs étaient en aluminium et elle n'était pas munie d'un système de ventilation. On connaît la liste des « éléphants blancs » qui remplissent les steppes africaines dans les années de « développement ». Les économistes n'ont pas été avares de théories pour expliquer, après coup, l'échec des stratégies suivies. Ils ont d'abord invoqué le rôle du capital humain, plutôt que celui du capital physique, comme clé de la croissance. Puis ce furent au tour du progrès technique, des institutions, de la confiance, d'apparaître comme les facteurs cruciaux du développement. La déception fut chaque fois renouvelée.

Ainsi l'éducation n'a-t-elle pas moins déçu les attentes que les stratégies antérieures. Le Népal a fait passer, entre 1960 et 1990, de 10 % à 90 % le pourcentage d'une classe d'âge éduquée dans le primaire. Sa croissance est pourtant restée pathétiquement faible. Des pays tels que l'Angola, le Mozambique, le Ghana, la Zambie, Madagascar, la Jordanie et le Sénégal ont également connu une croissance apparemment spectaculaire de leur niveau d'éducation. Dans ces pays où l'éducation a crû de plus de 4 % par an, la croissance du revenu par tête est restée famélique, inférieure à 0,5 % par an. Dans les années quatre-vingt-dix où les efforts les plus spectaculaires ont été faits en matière d'éducation, la croissance a été la plus faible des cinq décennies antérieures. Il y aurait naturellement, comme dans le cas des usines d'aluminium qu'on a oublié de pourvoir en air conditionné, beaucoup à dire du contenu de l'éducation elle-même. Selon W. Easterly, si l'on prend l'exemple du Pakistan, les trois quarts des maîtres ne seraient pas reçus aux examens qu'ils font passer à leurs élèves ! La position d'enseignant est le résultat d'un népotisme politique. On dépense beaucoup pour les maîtres, et quasiment rien pour le reste. Selon Gilma et Pritchett, le rendement des autres dépenses – tels les livres ou les crayons – serait dix fois plus fort que celui des maîtres. On voit que, dans les sociétés où la corruption règne en maître, les meilleures intentions du monde sont toujours détournées de leur but. Telle est la leçon principale des échecs qui ont suivi la décolonisation : aucun projet de développement n'est jamais efficace s'il n'est authentiquement porté par la société. Toute stratégie de développement fixée par quelques experts dans un bureau est presque fatalement condamnée à l'échec. Elle répète, à sa façon, la manière coloniale.

Le modèle japonais

Pour l'ensemble des pays pauvres, les échecs enregistrés après l'Indépendance ont changé de perspective avec la diffusion d'un modèle de développement venu d'Asie. Une série de coups d'Etat a porté au pouvoir des régimes autoritaires qui ont, tous, eu la particularité étonnante de manifester un tropisme *pro-business* prononcé. C'est le cas de la Malaisie en 1958, de la Thaïlande en 1960, de la Corée du Sud en 1961, ou de l'Indonésie en 1966. Dans tous ces cas, l'influence de l'Etat a été puissante, contribuant au travers d'une Banque de développement au financement des grandes infrastructures : électrification, autoroutes, aéroports... En Thaïlande, le *Board of Investment*, par exemple, a été impliqué dans près de 90 % des projets industriels du pays [1]. Il est présent pour accorder

---

1. Comme le résume Alice Amsden, la philosophie générale

163

des exonérations fiscales, des prêts subvention-
nés [1]. Pour tous ces pays, le modèle à imiter est
celui du seul pays non occidental à avoir réussi à
rattraper l'Occident : le Japon.

Le Japon est un exemple fascinant. A l'instar de
la Chine et de l'islam, il fut l'une des sociétés les
plus fermées du monde. Un seul navire occidental
par an était autorisé, de 1639 à 1854, à pénétrer
dans un port japonais. Puis vient le célèbre épisode
où, en 1854, le Commandant Perry, du pont de son
croiseur, oblige le Japon à ouvrir ses ports. Les
premiers moments qui suivent ce choc rappellent
la transition qu'ont connue, dans les années quatre-vingt-dix, les pays de l'Est après la chute du
mur de Berlin. Le Japon enregistre une multiplication par 6 des prix entre 1859 et 1865. Le pouvoir
politique vacille. Le *shogun* se démet, l'Empereur
reprend les rênes. La décision de modernisation du
pays est alors prise d'un coup, sans transition, ce
qu'on appellerait la *shock therapy* : c'est la Révo-

---

qui inspire ces Nouveaux Pays Industriels est bien davantage :
« *getting the job done* » que « *getting the prices right* » : « faire
plutôt que laissez faire » ; Alice Amsden, *The Rise of the Rest*,
Oxford University Press, 2001.

1. Il existe toutefois un large spectre. La Corée du Sud a constitué d'immenses groupes industriels, très concentrés, les fameux
chaebols ; Taïwan a eu une attitude qu'on jugerait beaucoup plus
libérale : ce sont bien davantage les PME qui ont fait le succès du
pays. Comparativement à la Corée du Sud, la taille des firmes
industrielles y est près de 7 fois plus petite...

lution Meiji de 1868. Elle commence par une réforme agraire qui émancipe les paysans. Ceux-ci furent déclarés propriétaires de leurs terres, en veillant toutefois à éviter la paupérisation des plus fragiles en interdisant jusqu'en 1872 la vente de celles-ci, une mesure imitée aujourd'hui encore par la Chine [1]. Une réforme éclairée de la fiscalité foncière fut entreprise, remplaçant des taxes proportionnelles par des taxes forfaitaires. L'Etat intervint en amont dans les secteurs où l'initiative privée était jugée défaillante, mais en limitant dans le temps son intervention, les entreprises étant vendues au bout de quelques années. En retour, les privatisations lui donnent les moyens financiers de continuer son action sur d'autres terrains. L'Etat prit également l'initiative d'importer des machines étrangères. Un exemplaire de chacune d'entre elles fut promenée de préfecture en préfecture pour servir de modèle aux artisans locaux. Enfin, l'Etat envoie à l'étranger de nombreux techniciens, tout en ne faisant que très occasionnellement appel à des techniciens étrangers [2]. Une transformation radicale de l'enseignement fut également entreprise. En 1913, le taux d'industrialisation (par habitant) se situait déjà à 45 % de celui de

---

1. Voir Maddison, *The World Economy*, *op. cit.* et Paul Bairoch, *Victoires et Déboires*, vol. 2, Gallimard, coll. Folio, inédit, 1997.

2. On n'en compte, en 20 ans, que 2 000.

l'Europe. Dès 1938, le Japon deviendra la cinquième puissance industrielle du monde.

Un siècle plus tard, en Asie, le modèle est demeuré à peu près le même. L'industrialisation sous l'égide des diverses banques de développement s'est effectuée à coups de subventions diverses, exonérations fiscales ou prêts bonifiés. Mais, à la différence de ce qui fut fait au Ghana, par exemple, les firmes ont toujours été aidées en contrepartie d'un objectif déterminé, le plus souvent en matière d'exportations. Dès qu'une entreprise ne parvient pas à atteindre ses objectifs, elle est immédiatement privée de ses crédits. C'est cette insistance répétée à l'égard de l'exportation qui signe la différence fondamentale avec l'Amérique latine – laquelle, inconsciemment, a peut-être voulu répéter l'expérience nord-américaine du « grand marché intérieur ». On ne s'étonnera pas que le taux de croissance annuel moyen des exportations coréennes ait dépassé 25 % l'an, suivi par Taïwan qui a connu une croissance de 20 % l'an. Plus de 90 % des exportations de ces deux pays sont aujourd'hui industrielles [1]. La Chine prend manifestement le même chemin. Avec un taux d'ouverture de 25 % du PIB, elle exporte aujourd'hui 85 % de produits industriels.

---

1. En 1995, le taux d'ouverture de la Corée du Sud est de 36 %, celui de la Malaisie de 30 %, celui de la Thaïlande de 39 %.

LE RÔLE DU COMMERCE MONDIAL

Le commerce mondial n'avait rien apporté de bon pour l'Inde ou la Chine au XIXe siècle. Si l'attitude de ces pays a changé à son égard, c'est en grande partie parce que le protectionnisme adopté par la suite n'a guère été plus bénéfique. L'Inde constitue à cet égard un exemple parfait. Sitôt l'Indépendance en 1947, elle instaure une politique destinée à reconquérir son marché intérieur. En 1913, l'Inde était sept fois plus pauvre que les Américains, avec un revenu proche de ce qu'on appellerait aujourd'hui un niveau de subsistance. En 1990, après plus de quarante ans de politique protectionniste, elle parvenait à grand-peine au niveau américain de 1820, en étant devenue seize fois plus pauvre que les Etats-Unis cette année-là ! Les pays déjà indépendants au XIXe siècle, tels le Brésil ou le Mexique, qui avaient très tôt élevé des barrières tarifaires pour se protéger de la concurrence internationale, n'ont guère mieux réussi. Commentant l'exemple mexicain, Alice Amsden indiquait ainsi que le Mexique n'est pas parvenu à enclencher une spirale de croissance en raison précisément du protectionnisme. Les entre preneurs mexicains ont préféré se partager la rente d'un marché captif plutôt que d'innover [1].

Ces échecs vont bien au-delà du régime commercial choisi. Ils désignent un même manque, l'absence d'un moteur intérieur à la croissance, qu'on pourrait appeler une « croissance indigène ». La question de l'éducation donne un exemple crucial de ce qui est en jeu. Partout, la sous-scolarisation est restée la règle dans les pays en voie de développement. Que ce soit en Inde, en Chine, au Brésil ou en Turquie, la population comptait en 1950 moins de trois années d'éducation en moyenne, alors qu'en Europe, au même moment, le chiffre correspondant est déjà de huit années. On tient ici l'un des facteurs qui a d'emblée élevé le Japon au rang de grande puissance. Chaque village y a déjà son école au début du XIXe siècle – donc bien avant la Révolution Meiji de 1868. Dès 1872, l'école primaire est quasiment généralisée [2]. En 1937, l'écart d'effec-

1. « Les investissements dans les technologies modernes étaient rares. Il était plus rentable pour les entrepreneurs de manipuler les cours du coton et le prix des produits textiles à l'abri des barrières tarifaires que d'innover et de devenir compétitifs internationalement » (Alice Amsden *The Rise of the Rest*, *op. cit.*).

2. Entre 1873 et 1913, le nombre d'élèves japonais passe de 1,3 à 6,5 millions dans l'école primaire ; de moins de 2 000 à 924 000 dans le secondaire, soit un taux de scolarisation dans le secondaire de 23 % contre 5 % à la même époque en Europe ! Dans l'enseignement supérieur le chiffre passe de 4 650 à 56 000, soit un taux de 1,3 %, supérieur à l'Europe sans la Russie.

tifs dans l'enseignement supérieur (en pourcentage de la classe d'âge correspondante) entre le Japon et l'Europe est de 90 %, en faveur du Japon... Un exemple illustrera les effets de cette position. En 1850, la Chine est très en avance sur le Japon dans l'industrie de la soie. Mais quand la maladie du ver à soie frappe, le Japon va s'approprier les méthodes de Louis Pasteur, et surclasse ainsi la Chine, incapable du même effort d'adaptation.

Privé d'ingénieurs, un pays pauvre doit dépendre en tout de l'extérieur pour emprunter et adapter les techniques modernes. Il est donc inéluctable que, à un endroit ou l'autre de la chaîne, le processus soit bloqué. L'idée que l'on puisse importer purement et simplement les techniques étrangères sans s'approprier, au moins en partie, ses conditions de production est naïve. Il y a toujours un facteur particulier, fût-ce le climat, qui exige une adaptation aux conditions locales. Les progrès de l'agriculture donnent une bonne illustration de cette idée essentielle. Les pays européens sont devenus très inventifs en matière agricole à partir des XVIIᵉ et XVIIIᵉ siècles, en Hollande tout d'abord puis dans le reste de l'Europe. Cette « révolution agricole », comme on l'a appelée, s'est produite dans un climat tempéré. La disponibilité d'une variété de blé à haut rendement ou résistant mieux aux gelées de printemps n'a évidemment eu aucun effet dans les économies basées sur le riz ou sur celles où le climat est différent. Il faut d'autres innovations que celles de départ, pour les adapter aux conditions locales. La région canadienne du Manitoba n'est ainsi devenue une grande région productrice de blé qu'au début du XXᵉ siècle; il a fallu pour cela attendre le moment où l'on a commencé à disposer d'une nouvelle variété de blé à maturation rapide, le « Red Five », adaptée au climat, elle-même résultat d'un travail intensif des chercheurs canadiens. Pour un pays pauvre, qui ne dispose pas des moyens d'une recherche innovante qui lui soit propre, cette démarche est impossible [1].

La France du XIXᵉ siècle est également un bon modèle à opposer à l'Inde ou à la Chine. Au lendemain des guerres napoléoniennes, la France est un pays arriéré du point de vue industriel. Le travail est bon marché, ce qui lui permet de compenser l'absence de techniques modernes mais ne

---

[1]. « La carte des régions développées et celle des zones tempérées se recoupent presque parfaitement » (Paul Bairoch, *Mythes et Paradoxes...*, *op. cit.*). Comme Diamond l'a souligné, les pays à climat tempéré ne sont pourtant que tardivement prospères dans l'histoire humaine, invalidant l'idée selon laquelle le climat serait en tant que tel bon ou mauvais pour la capacité à innover d'une région. Ce qui est certain en revanche, c'est que sans adaptation aux climats tropicaux, les innovations faites dans les régions tempérées sont bien souvent inutiles. Par ailleurs, rançon d'un succès antérieur, la densité de peuplement asiatique (trois à quatre fois supérieure à celle de l'Europe) ne se prêtait pas aux techniques agricoles européennes pour lesquelles les machines qui furent inventées étaient adaptées à la culture de vastes terres faiblement peuplées.

favorise pas l'innovation ; la demande intérieure est faible, ce qui prive les industriels de débouchés attractifs. Tous les ingrédients d'un cercle vicieux de pauvreté sont réunis. Pourtant dans la période inférieure à cinquante ans qui sépare la chute du premier Empire et l'avènement du second, le paysage a totalement changé. Au cours de l'Exposition universelle de 1851, les industriels français montrent leur nouvelle puissance de feu industrielle, en présentant leurs nouveaux modèles de turbines, de daguerréotypes, de colorants pour les textiles. En moins d'un demi-siècle, la France a réussi à sortir d'une économie encore artisanale, dont le seul avantage comparatif se limite aux produits de luxe. Elle est parvenue à emprunter le sentier étroit qui consiste à imiter *et* à innover. Le cas du développement de la région de Marseille a été récemment étudié [1]. Les entreprises puisent d'abord dans le vivier constitué par les hommes issus de l'artisanat. Puis les techniciens acquièrent vite les connaissances et les compétences nécessaires pour innover et proposer des appareils performants, adaptés aux besoins locaux. Aussi Marseille devient-elle leader pour l'huilerie et la raffinerie du sucre. Les techniques, dans cet exemple, ne demandaient pas de compétences

---

1. X. Daumalin et O. Raveux, « Marseille (1831-1865) », *Annales*, HSS, janvier-février 2001.

scientifiques particulières, même dans le cas de la machine à vapeur et même dans les années 1870-1890. Le problème est différent pour les moteurs de transports, machines marines et locomotives. Entre 1835 et 1845, plus d'une quinzaine de techniciens et des dizaines d'ouvriers qualifiés britanniques s'installent à Marseille. Toutes les régions méditerranéennes ont fait de même, de l'Egypte de Mohamed Ali jusqu'à Barcelone, en passant par le royaume des Deux-Siciles de Ferdinand II. Mais ici, au contraire de ce qui se passe en Egypte, c'est la rencontre de deux « dynamismes » qui fait progresser les compétences. « Lorsque l'innovation technologique n'est pas subie, lorsqu'elle est anticipée au cours d'une phase de croissance, alors elle peut réussir [1]. »

Si aucun pays ne peut compter sur le seul commerce mondial pour prospérer, il est tout aussi illusoire d'espérer rattraper les pays riches en en restant à l'autarcie. Le modèle asiatique est à cet égard un cas d'école. En encourageant les exportations, il permet au pays de disposer des devises qui lui fourniront en retour les moyens d'importer les marchandises rares, les biens d'équipement notamment, dont il a besoin et qui alimentent la croissance. Ici le commerce est un élément direct de la croissance. Mais, à l'instar du Japon après la

---

1. *Ibid.*

Révolution Meiji, le commerce mondial est également un facteur qui rend plus efficace la sélection des champions nationaux ; il est un élément de la politique industrielle du pays. C'est l'un des leviers de la réussite des politiques asiatiques.

Deux articles importants témoignent de cette opposition quant à la manière d'interpréter l'influence du commerce international sur la croissance, celui de Sachs et Warner paru en 1995 et celui de Rodriguez et Rodrik en 2000 [1]. Sachs et Warner ont défini une catégorie de pays réputés « ouverts » à partir d'un certain nombre de critères tels le régime de change ou les barrières commerciales. Ils montrent que ceux appartenant au groupe « ouvert » ont connu une croissance toujours supérieure à celle des pays dits « fermés ». Au cours de la période 1970-1995, le groupe des économies « ouvertes » a crû à un rythme moyen de 4,5 % par an, tandis que les économies « fermées » voyaient leur PIB croître seulement de 0,7 % l'an. Parmi les économies ouvertes, la croissance des économies émergentes est en outre de 2 points plus rapide que celle les économies riches. Dans les économies fermées, il n'y a aucune différence. L'ouverture

---

1. Jeffrey Sachs et Andrew Warner, « Economic Reform and the Process of Global Integration », *Brookings Papers on Economic Activity* ; Francisco Rodriguez et Dani Rodrik, « Trade Policy and Economic Growth : A Skeptic's Guide to the Cross-National Evidence », NBER, *Macroeconomics Annuals*, 2000.

semble donc propice à une « convergence » des pays pauvres vers les pays riches. Selon Sachs et Warner, le résultat est en fait radical : les pays qui ont choisi une politique « ouverte » ont crû sans exception chaque année plus vite que les pays fermés. Ceux qui ont changé de stratégie en cours de route ont une croissance qui est toujours plus basse pendant la période de fermeture que lors de la phase d'ouverture. D'autres études ont permis d'affiner ces résultats. Frankel et Romer ont ainsi montré par exemple que des variables géographiques comme l'accès à la mer ou la proximité des grands centres commerciaux sont des facteurs qui jouent favorablement sur la croissance économique d'un pays [1]. En d'autres termes, chaque fois qu'un pays se trouve dans une situation où le commerce est plus facile, la croissance économique y est plus forte.

Ces études ont été critiquées par Rodriguez et Rodrik, au motif qu'elles ne permettaient pas de conclure à un rôle favorable du commerce *stricto sensu* [2]. Dans le cas de variables géographiques

---

1. J. Frankel et D. Romer, « Does Trade Cause Growth ? », *American Economic Review*, 1999.

2. Dans leur revue attentive des tests apportés à l'idée que le commerce est un facteur de croissance, Rodrik et Rodriguez montrent que la variable qui explique principalement le résultat de Sachs et Warner est celle mesurant la décote du change du marché noir. L'interprétation de cette variable, telle qu'elle est suggérée par Sachs et Warner, est qu'elle représente une taxe sur le com-

telles que la proximité des centres commerciaux interprétées par Sachs et Warner comme propices au commerce, Rodriguez et Rodrik soulignent un fait difficilement contestable, à savoir que le voisinage influence en fait un pays de bien d'autres manières que par les échanges commerciaux [1]. Comme le notait fort bien le regretté Rudiger Dornbusch dans son commentaire de l'article de Sachs et Warner : « Le commerce des marchandises n'est peut-être que la moindre des choses dont

merce, dans la mesure où les exportateurs doivent (en général) vendre leurs devises au cours officiel, tandis que l'importateur (à la marge du moins) doivent acheter des devises au marché noir. Il existe évidemment bien d'autres variables de politique macroéconomique qui sont corrélées avec le marché noir telles la répression financière, l'inflation, la crise de la dette... qui rendent extrêmement difficile de trancher la question de savoir si ce sont bien les barrières commerciales qui sont en jeu.

1. Pour Rodriguez et Rodrik, le commerce international joue un rôle positif sur les institutions du pays. Une société ouverte, selon eux, est moins vulnérable au népotisme, à la fraude, à la corruption. Allant dans le même sens, un article important intitulé « Why Do Some Countries Produce so Much More Output than Others » (Hall et Jones, *Quarterly Journal of Economics*, 1999) propose de prendre en compte ce que les auteurs appellent « l'infrastructure sociale » d'un pays. L'ouverture, au sens où Sachs et Warner la mesurent, en est l'une des composantes. Le respect de la « règle de droit » en est un autre trait essentiel. L'index d'infrastructure sociale ainsi construit donne le niveau le plus élevé à la Suisse et aux Etats-Unis, et le plus bas au Zaïre, à Haïti et au Bangladesh. Entre ces cas extrêmes, les auteurs montrent qu'il y a une corrélation presque parfaite entre le niveau de développement économique et l'index ainsi défini. La question de la causalité reste évidemment difficile à trancher.

bénéficie une société ouverte. L'échange direct des idées, des méthodes, l'émulation d'une réussite jouent un rôle tout aussi capital. » Sachs et Warner ne sont, il est vrai, pas très explicites sur l'identification des mécanismes grâce auxquels le commerce est un facteur de croissance. Rodrik, dans des travaux antérieurs, avait déjà souligné que les économies qui ont un fort taux d'exportation peuvent se permettre d'acquérir à l'étranger des biens d'équipement qui stimulent leur croissance économique. Dans ses études plus récentes, il montre que l'ouverture économique joue davantage par son impact sur les « institutions » du pays. Une société ouverte offre moins de prise au népotisme et à la corruption qu'une société fermée. D'autres travaux confirment l'imbrication étroite qui existe entre l'ouverture et l'efficacité économique des institutions. L'éducation en est un exemple frappant. Le cas du Pakistan rappelle qu'il ne suffit pas d'envoyer les enfants à l'école pour être assuré qu'ils soient « éduqués » en un sens utile à la croissance économique. Il est possible de prouver que les sociétés ouvertes font généralement un meilleur usage de l'enseignement que les sociétés fermées. Le rôle du commerce, on le voit, est à la fois indirect et essentiel : il oblige les sociétés ouvertes à rendre efficaces leurs institutions domestiques.

Le débat pourra paraître bien scolastique. Personne, parmi les auteurs cités, ne conteste en effet que les sociétés « ouvertes » aient crû plus vite que les sociétés « fermées ». C'est un point souligné avec force par Rodrik et Rodriguez eux-mêmes. « Nous ne connaissons, écrivent-ils, aucune étude qui démontre que le protectionnisme ait été un facteur de croissance. » Et de fait, depuis 1991 où elle a choisi de libéraliser le commerce international, l'Inde, pour reprendre cet exemple emblématique, connaît une croissance supérieure à 6 % par an, significativement supérieure aux taux qu'elle enregistrait auparavant. La Chine fait mieux encore, avec un chiffre qui frôle les 10 % par an. Les autres pays d'Asie ne sont pas en reste. Malgré la crise de 1997, la croissance y a été, tout au long de la dernière décennie du siècle, supérieure en moyenne à 7 % l'an. Quels qu'en soient les ressorts exacts, les faits sont sans équivoque : les pays asiatiques, où vivent rien moins que 60 % de la planète, ont, semble-t-il, découvert une méthode nouvelle, faite d'emprunts à l'étranger et de développement interne, dont le principal mérite est de contredire dans les faits l'idée qui semblait intangible selon laquelle « la richesse va toujours à la richesse ».

Les leviers de la richesse

Le monde compte aujourd'hui un milliard de riches, 2,5 milliards de pauvres, et 2,5 milliards de gens très pauvres. En dollars courants, l'ensemble des pays pauvres et très pauvres ne représentent que 20 % de la richesse mondiale, pour 85 % de la population totale. S'agissant des pays les plus pauvres, le chiffre est encore plus saisissant : ils ne comptent que pour 3 % de la richesse mondiale, alors qu'ils rassemblent 40 % des habitants de la planète ! Les économistes ont fait remarquer que ces chiffres exagèrent la pauvreté des plus pauvres. La vie est par définition meilleur marché dans un pays pauvre : il coûte moins cher de s'y loger ou de s'y faire soigner. Reste pourtant que un milliard de gens vivent bel et bien avec 1 de nos euros par jour [1], c'est-à-dire avec moins que ce que l'on peut dépenser en prenant un express au comptoir d'un café parisien, ou en achetant un quotidien ! En moyenne, le pouvoir d'achat du groupe des pays les plus pauvres est environ dix fois plus faible que le nôtre, ce qui correspond chez nous à un demi-RMI ! Pour le groupe des pays « seulement » pauvres, les chiffres sont plus « encourageants » : ces pays sont simplement quatre fois plus pauvres que nous. Ils gagnent en moyenne un peu plus qu'un demi-SMIC [2]...

Analysant le sous-développement, Arrighi Emmanuel concluait que les pays pauvres étaient nécessairement exploités par les pays riches. Son raisonnement tenait en partie au fait que la seule source supposée de la richesse était, à ses yeux, le travail humain. Si une heure de travail à Bombay

---

1. Lorsque la correction dite de pouvoir d'achat est faite, ce qui revient à prendre en compte le fait que la vie est de fait moins chère dans un pays pauvre.

2. Il n'y a jamais eu autant de gens vivant avec moins de 1 dollar par jour mais, en pourcentage de la population mondiale, les chiffres de la misère sont un peu moins désespérants. La part de la population mondiale en situation de pauvreté absolue est aujourd'hui plus bas qu'il n'a sans doute jamais été. En 1890, c'est 80 % de la population mondiale qui vivait avec l'équivalent de 1 dollar (en chiffres de 1990). En 1950, le nombre de personnes vivant avec ce minimum vital atteint près de la moitié de la population mondiale. Aujourd'hui, il se situe à un quart du total mondial ; voir F. Bourguignon et C. Morrisson, « Inequality among World Citizens : 1820-1992 », *The American Economic Review*, septembre 2002.

est moins payée qu'une heure à Detroit, c'est forcément que l'ouvrier américain exploite l'indien. Il n'est plus possible, aujourd'hui, de comprendre la richesse en faisant une telle approximation : les infrastructures, le téléphone, l'électricité, les ordinateurs sont autant de facteurs qui doivent aussi être pris en compte. Une étude conduite par la Fédération internationale des industries textiles illustre cela, en mettant en regard les performances de l'industrie textile dans de nombreux pays. Nous présenterons ici la comparaison entre l'Inde et les Etats-Unis. A un siècle d'intervalle, on retrouve l'analyse proposée par Gregory Clark pour les « Cotton Mills » au XIXe siècle.

Le nombre d'heures travaillées pour fabriquer une pièce de textile donnée, tout d'abord, n'est pas significativement différent d'un pays à l'autre. Il est ainsi à peine 8 % supérieur en Inde : le rôle des cadences ou de l'efficience organisationnelle n'est pas prépondérant. On est loin des écarts considérables que Clark avait enregistrés au XIXe siècle. Le coût salarial, pourtant, est dans un rapport abyssal entre les deux pays : une heure de travail coûte quinze fois moins cher en Inde qu'aux Etats-Unis. Au regard de ces chiffres, on s'attendrait donc à ce que le textile indien soit bien meilleur marché. Or, ce n'est pas le cas. Hormis le travail, tous les autres éléments du coût sont supérieurs dans le cas indien [1]. L'énergie par exemple est deux fois plus onéreuse, le capital y coûte 50 % plus cher ainsi que la matière première. Même le coton brut (en partie du fait des subventions américaines) coûte plus cher en Inde. Ce qui semble *a priori* un avantage exceptionnel, le faible coût du travail, se dilue dans une structure de coûts globalement plus défavorable lorsque le capital et l'énergie sont pris en compte. En fait, dans l'étude présentée, il n'y a guère que le Brésil et la Corée du Sud qui parviennent à afficher des coûts inférieurs aux Etats-Unis. Ni l'Indonésie ou la Turquie, par exemple, n'y arrivent.

LA THÉORIE DES LEVIERS

La richesse d'un pays est bien davantage actionnée par une série de leviers qui se soulèvent l'un l'autre, que par le seul travail humain. Un premier levier est celui qui tient à l'éducation ou à l'expérience professionnelle. Un homme qui sait lire et écrire aura plus de capacités qu'un analphabète. Le deuxième levier est celui qu'offrent les

---

1. Le travail ne représente, certes, qu'une faible part du coût total de fabrication dans le cas indien, 2 % du total, alors qu'il représente 20 % du coût total dans le cas américain.

machines. Un ingénieur n'aura pas la même efficacité s'il dispose ou non d'un ordinateur. Les machines actionnent elles-mêmes un troisième levier, plus mystérieux : ce qu'on appelle « l'efficience globale », qui inclut le progrès technique et l'efficacité organisationnelle des entreprises. Les puces dans les ordinateurs, tout comme une bonne organisation du travail, démultiplient la force des machines. C'est cette triple dimension multiplicative qui explique la croissance économique moderne et le dénuement des pays pauvres.

Les pays pauvres actionnent les mêmes leviers que les pays riches. Le drame est que ceux-ci sont, chacun, légèrement décalés par rapport à ce qu'il faudrait [1]. Selon nos calculs, ils souffrent d'un handicap de 35 % en chacun de ces trois termes. Quand l'ouvrier d'un pays riche actionne un levier dont le rapport est de 100, son homologue dans un pays pauvre dispose en moyenne d'un levier dont le rapport n'est que de 65. L'éducation, le capital et l'efficience globale sont, chacun, inférieurs d'un tiers environ dans les pays pauvres. Dans la mesure où l'interaction entre ces trois leviers est multiplicative, le travailleur d'un pays pauvre ne dispose au total que d'un rendement de 65 % multiplié par 65 %, re-multiplié par 65 %, ce qui

---

1. D. Cohen et M. Soto, « Why Are Poor Countries Poor ? » CEPR, 2002.

ne fait finalement que 27 % du niveau atteint dans les pays riches : on retrouve le ratio d'environ 1 à 4 entre le revenu des riches et des pauvres. Le résultat est encore plus spectaculaire dans le cas des pays qui sont en bas de l'échelle. En Afrique par exemple, chacune des trois composantes de la richesse vaut environ 50 % du niveau des plus riches. Après multiplication de ces trois termes, la productivité du travailleur africain n'est pas supérieure à 12,5 % de celle du travailleur français. On est donc loin de l'explication de Gregory Clark, qui, dans le cadre des usines indiennes du XIXe siècle, ramenait tout à la seule intensité du travail. La production est devenue aujourd'hui beaucoup plus complexe que par le passé. Un pays pauvre ne peut plus espérer rattraper les pays riches en se contentant d'accélérer, s'il y parvient, les cadences du travail. La faiblesse du coût du travail ne parvient pas, ou difficilement, à compenser le handicap global d'une société pauvre : infrastructures peu développées (énergie chère), prix des matières premières plus élevé (ce qui est *a priori* un comble), prix du capital plus cher du fait d'une pénurie globale...

C'est parce que les handicaps se cumulent qu'il est aujourd'hui extrêmement difficile de sortir de la pauvreté. Ni l'éducation, ni l'investissement, ni l'achat de technologies étrangères ne sont suffisants à eux seuls, s'ils ne sont pas actionnés en même temps que les autres leviers. Le capital illustre parfaitement le cercle vicieux qui est en jeu. Chaque ouvrier travaillant dans un pays pauvre dispose en moyenne de cinq fois moins de matériel que son homologue effectuant la même tâche dans un pays riche. Loin de faire affluer le capital vers les pays où celui-ci est rare, la globalisation financière est bien pingre à l'égard des pays pauvres. Ce phénomène, connu comme « le paradoxe de Lucas », a provoqué d'innombrables controverses parmi les économistes. Pourquoi le capitalisme ne fournit-il pas aux ouvriers des pays pauvres les machines qui les rendraient productifs ? La réponse tient à la nature globale de la richesse ou de la pauvreté. Il peut être parfaitement rentable à New York d'informatiser une épicerie, une école ou une infirmerie. Ce n'est pas le cas à Lagos où la clientèle est trop pauvre pour payer le prix correspondant à un tel équipement. On ne peut rien acheter sur le marché mondial quand on gagne en dollars courants 1 dollar par jour, même si l'on tire un pouvoir d'achat supérieur en vivant avec d'autres personnes qui gagnent aussi peu. La pauvreté est ici un cercle vicieux, cumulatif.

En affrontant pourtant un par un chacun des handicaps qui freinent la croissance, la formation des personnes, l'importation de machines, des technologies, un pays peut en théorie sortir de la pauvreté. Mais les sacrifices à accomplir sont immenses, s'il veut les affronter tous, et surtout tous à la fois. On trouve ici une illustration de la contradiction dénoncée par Marx entre l'appropriation privée du profit et les conditions sociales de la production. Le capitalisme n'est pas capable à lui seul de créer les rouages qui rendent une société globalement productive. On comprend à l'inverse pourquoi les stratégies « musclées » des pays asiatiques parvenant à jouer simultanément sur les trois leviers de la croissance se sont révélées efficaces.

Le Développement comme Liberté

Lee Kwan Yew, le maître de Singapour, s'est fait le champion de l'autoritarisme asiatique, expliquant entre autres que l'interdiction des chewing-gums était l'une des dimensions de la croissance asiatique [1]. Cette idée que le modèle asiatique, méprisant les valeurs individualistes et libertaires de l'Occident, est à la fois plus efficace et seul à même de s'y opposer, a été souvent théorisée, mais toujours par les régimes en place. Nul mieux qu'Amartya Sen n'a critiqué cette vision, dans un livre essentiel intitulé *Development as Freedom* [2]. « Aung San Suu Kyi n'est pas une interprète moins autorisée des aspirations du peuple birman que ne le sont les dirigeants militaires

---

1. Les chewing-gums viennent d'être autorisés à Singapour, comme médicament...
2. Amartya Sen, *op. cit.*

du pays. Et j'aurais du mal à départager, ajoute-t-il, du point de vue de l'autoritarisme, Confucius et Platon. » Penser la liberté comme un attribut occidental, c'est avoir la fâcheuse habitude de juger le passé à la lumière du présent, d'oublier l'Inquisition, les tragédies du XXe siècle...

Non seulement il n'est pas prouvé que le PIB soit plus élevé dans les dictatures (même en limitant l'analyse aux pays en développement), mais l'idée est une contradiction dans les termes. Pour Sen « les moyens et les fins du développement exigent que la perspective de la liberté soit placée au centre de la réflexion, que les personnes soient considérées comme des acteurs à part entière, tirant parti des occasions à leur disposition et maîtrisant leur destin, non comme les destinataires passifs des fruits d'un développement programmé par des experts ». Sen appréhende la question du développement économique comme « un processus d'expansion des libertés réelles dont jouissent les individus ». Le libre accès à l'éducation, à la santé sont des éléments *constitutifs* du développement. Ils n'en sont pas seulement des moyens, même s'ils le sont aussi ; ils sont d'abord des fins en soi.

Pour un économiste, la richesse matérielle, le PIB, est l'alpha et l'oméga du développement économique. Un pays riche peut s'offrir tout ce qu'il veut, y compris du loisir. Il est libre, point à la ligne. Sen nous invite à nous méfier de ce raisonnement, autant que des critiques qui lui sont adressées. La richesse matérielle est indiscutablement un élément de la liberté humaine. Un monde de privation n'est pas un monde où l'on peut vivre en conformité avec ses attentes. Mais la perspective de la liberté modifie sensiblement le lien que l'on peut établir entre le développement économique et le développement tout court. Selon le raisonnement économique, une personne à qui l'on donne à choisir entre des carottes ou des choux-fleurs et qui opte pour des carottes n'a pas besoin qu'on lui propose des choux-fleurs pour être heureuse. Le choix est pourtant en lui-même une étape essentielle de la liberté humaine. Ramener le développement à ses conséquences, en ignorant le processus qui y mène est totalement réducteur. Ce qui rend Sen extrêmement sévère à l'égard de l'idée que les régimes autoritaires – tel celui de Lee Kwan Yew – seraient les plus à même de favoriser le développement.

La comparaison entre l'Inde et la Chine est ici éclairante. On dit parfois que l'Inde souffre d'être une démocratie et que ce serait l'une des raisons pour lesquelles elle connaîtrait un taux de croissance inférieur à celui de la Chine. Pour Sen, l'explication est beaucoup plus directe. Elle tient au fait que l'Inde compte toujours une proportion anormalement élevée d'analphabètes : plus de

50 % de la population ne sait pas lire alors que les chiffres sont plus de deux fois inférieurs en Chine. L'élitisme et le système de castes indiens ont conduit le pays à privilégier la scolarisation des élites, ce qui explique d'ailleurs les bons résultats de Bangalore. Les politiques publiques en matière de santé ou d'éducation ont constitué un véritable déni de liberté pour la majorité des gens. Lorsque l'Inde a mené, à partir de 1991, une politique commerciale active, elle était donc beaucoup moins bien armée pour capitaliser sur cette politique d'ouverture que son voisin chinois.

Certains pays tels que le Costa Rica ou l'Etat du Kerala en Inde sont également parvenus, malgré leur grande pauvreté, à d'excellents résultats en matière de scolarisation ou d'accès aux soins. A l'instar de Cuba, pourtant, ces efforts n'ont pas donné le départ de la croissance économique. Dans les deux cas, une politique économique hostile à l'investissement privé, au développement des marchés, a annulé le bénéfice produit par un capital humain élevé. A l'image du Ghana qui a tout joué sur la seule accumulation de capital physique, la croissance a été interrompue au Kerala parce qu'il a cru pouvoir tout miser sur la seule accumulation de capital humain. Amartya Sen va plus loin dans cette logique et traite le marché lui-même comme un espace de liberté, appréciable en tant que tel, que ses effets soient bons ou mauvais.

Prenant ainsi l'exemple du marché du travail, il prolonge l'analyse de Marx : le passage du travail servile au travail libre, quelles que soient les vicissitudes de ce dernier, est un signe de développement. Cela ne dispense pas de corriger des effets pervers du marché. Sen est d'ailleurs féroce à l'égard des pays européens qui, laissant exploser le chômage de masse, ont amputé un nombre considérable d'individus de cette dimension de l'existence : pouvoir travailler s'ils le veulent. Mais si aujourd'hui le travail servile est une image lointaine dans les pays « développés », il reste une dimension tragique de la condition humaine dans nombre de pays pauvres, du travail des enfants à l'exploitation des femmes.

L'idée que le développement doive s'interpréter comme la recherche de la liberté d'être et d'agir selon ses aspirations permet également d'éclairer la question des inégalités. Ce n'est pas la même chose d'être pauvre dans un pays riche et de l'être dans un pays pauvre. La perspective choisie par Sen permet de comprendre pourquoi. Le pauvre dans un pays riche est bien souvent plus riche, d'un point de vue matériel, que celui d'un pays pauvre. Mais parce qu'il souffre d'exclusion sociale, la pauvreté relative, qui le tient à l'écart des biens auxquels ont accès les autres habitants, le prive d'une dimension essentielle de la vie humaine, celle d'avoir des relations avec les autres.

191

Ne pas savoir lire dans une population où les autres savent lire, tout comme ne pas disposer d'un téléviseur quand l'espace public est façonné par la télévision, c'est perdre une dimension cruciale des capacités qui commandent le bonheur : agir en commun avec autrui, participer à l'élaboration d'une décision publique.

Le lien entre inégalités et participation à l'espace public est riche d'implications. Les sociétés les plus égalitaires sont aussi celles qui avaient la production la plus élevée d'éducation ou de santé. Une étude célèbre de S. Preston montrait, dans le domaine de la santé, que l'Angleterre avait enregistré une hausse significative de l'espérance de vie, au cours des deux décennies 1911-1921 et 1940-1951, qui incluent pourtant les deux guerres mondiales [1] ! Alors que les autres périodes de l'histoire anglaise, antérieures ou postérieures, enregistrent un accroissement de l'espérance de vie qui varie entre 1 et 4 ans selon les périodes, ces deux décennies guerrières font apparaître une hausse de plus de 6,5 ans. Comment est-ce possible ? Tout simplement parce que les guerres ont favorisé une démocratisation accélérée du système de soins et un accès plus large à une alimentation de base. C'est pendant la Seconde Guerre mon-

---

1. S. Preston, « The Changing Relation between Mortality and Level of Economic Development », *Population Studies*, 1975.

diale par exemple, que le taux de malnutrition s'effondre en Grande-Bretagne. La guerre crée donc une demande sociale d'égalité, qui s'avère propice à la production de biens publics partagés.

Un autre exemple illustre la portée de cette idée. Comparant les Philippines et la Corée du Sud au début des années soixante, Robert Lucas, prix Nobel d'économie et l'un des fondateurs de la théorie de la « croissance endogène », avait souligné que ces deux pays présentaient les mêmes caractéristiques globales. Même niveau de scolarisation, d'urbanisation, même revenu par habitant. Cherchant à comprendre pourquoi la Corée du Sud devait connaître ensuite une croissance exceptionnelle alors que les Philippines enregistraient une croissance beaucoup plus médiocre, Lucas expliquait qu'il fallait tout simplement croire aux « miracles ». Le miracle de la Corée du Sud est qu'elle a cru en ses chances, pas les Philippines. R. Bénabou, reprenant cet exemple, a montré qu'il existait toutefois une dimension essentielle, ignorée par Lucas, qui différenciait la Corée du Sud et les Philippines [1]. Les Philippines avaient un niveau d'inégalité élevé, comparable aux pays d'Amérique latine. La Corée du Sud, à l'instar de Taïwan

---

1. R. Lucas, « Making a Miracle », *Econometrica*, 1993 ; Roland Bénabou, « Inequality and Growth », *NBER Macroeconomics Annuals*, 1996.

notamment, a engagé très tôt, à la suite de la défaite japonaise et de la renationalisation des terres occupées, une réforme agraire et, ce faisant, considérablement réduit les inégalités. Pour Bénabou, ces faibles inégalités sont l'une des conditions qui favorisent la construction d'un système éducatif efficace. Alors qu'en Amérique latine les élites envoient leurs enfants étudier à l'étranger, tandis qu'en Inde le système de castes perpétue un accès très inégalitaire à l'éducation, la Corée du Sud a hérité, ou s'est dotée après guerre, d'une société suffisamment égalitaire pour que l'idée de la scolarisation de masse y devienne vite un principe fondamental. Le cercle vertueux de la « croissance endogène » a dès lors pu s'enclencher. La Corée du Sud dépense aujourd'hui, par rapport à son PIB, autant que les pays riches en éducation et en recherche. Elle est passée de l'autre côté du miroir.

Les théories de Sen, du développement interprété comme une quête de liberté, ne rassureront pas ceux qui s'inquiètent des tentations hégémoniques des « nouvelles » puissances régionales que sont par exemple la Chine ou l'Inde. Rien n'est évidemment écrit des effets politiques et géopolitiques de la croissance chinoise ou indienne. Les conflits peuvent tout aussi bien surgir en Asie aujourd'hui qu'en Europe à l'aube du XXe siècle. Pas plus que la baisse du taux de fécondité féminine ne suffit à prouver que les femmes ont gagné la bataille de leur émancipation, la croissance économique d'un pays ne démontre que les forces de la liberté l'emportent sur leurs ennemis. Rien ne serait pourtant plus naïf que de penser, à l'inverse, que la croissance chinoise n'est que l'instrument de la volonté de puissance de ses classes dirigeantes. Le développement économique nourrit des aspirations nouvelles, tout autant qu'il se nourrit de celles-ci. Il ouvre des possibilités inédites, sans les inscrire dans une trame pré-écrite. Le déterminisme de ceux qui considèrent comme assurée la marche de l'Histoire humaine vers une fin apaisée est à cet égard aussi imprudent qu'est mécanique la vision de ceux qui s'obstinent à penser le conflit entre les civilisations dans la forme fixe d'un passé immuable.

CHAPITRE VI

L'Empire, et cætera...

L'hyperpuissance américaine
au miroir européen

Le rejet de la mondialisation se confond souvent avec celui de l'Amérique, hyperpuissance selon l'expression d'Hubert Védrine, qui scelle l'unité des puissances impériales d'hier et de l'économie-monde aujourd'hui : planétaire dans ses effets et égoïste dans ses mobiles. Dans un livre qui connut à son époque un grand succès *Naissance et déclin des grandes puissances*, et qui montrait en couverture l'Amérique descendre d'un podium pour laisser la place au Japon, l'historien anglais Paul Kennedy, enseignant à Yale, énonçait une théorie de l'*Imperial Overstretch*, la surcharge impériale, qui lui faisait prédire le déclin américain [1]. Toutes les grandes puissances, expliquait-il, vont toujours au bout de leurs forces, jusqu'à se ruiner. La crise

---

1. P. Kennedy, *The Rise and Fall of the Great Powers*, New York, Vintage Books, 1987 ; trad. fr. : Paris, Payot, 1991.

des finances publiques avait sonné le glas de l'Empire romain, de l'Espagne puis de l'Angleterre, et aujourd'hui, ajoutait-il, elle s'apprêtait à mettre fin à l'hégémonie des Etats-Unis. L'actualité du livre au moment de sa publication était illustrée par le déficit public monumental de l'administration Reagan, dans lequel Paul Kennedy voyait le signe annonciateur du déclin. Que les grands Empires de l'Histoire aient presque toujours périclité du fait de leurs problèmes de finances publiques est un fait indiscutable, et qui avait déjà été démontré par Gabriel Ardant dans son *Histoire de l'impôt* [1]. Ce qui fut longtemps vrai ne l'est pourtant plus aujourd'hui. A l'âge de la TVA ou de l'impôt sur le revenu, la question fiscale a changé de nature. Il suffit d'une décision au début du mandat de Bill Clinton pour qu'il mette immédiatement fin au déficit reaganien et relance la croissance américaine. L'administration Bush Jr. a, certes, immédiatement réenclenché, sitôt élue, un cycle de déficits mais il s'agit d'une technique désormais éprouvée des conservateurs pour privatiser l'Etat. Les dépenses du Pentagone, le cœur de l'Empire, ne sont nullement menacées par ces tactiques politiciennes.

Il existe en fait une différence de nature fondamentale entre les puissances impériales d'hier et

---

1. G. Ardant, *Histoire de l'impôt*, 2 vol., Paris, Fayard, 1971.

les Etats-Unis aujourd'hui, qui rend en grande partie superficielle la comparaison entre les deux. La propension naturelle d'un Empire est de s'appuyer sur la richesse de ses provinces pour prospérer : la croissance est mue par une logique « smithsienne » – du nom d'Adam Smith, l'auteur célèbre de *La Richesse des nations* – de division du travail entre les différentes régions de l'Empire. Ce fut notamment le cas de l'Empire romain et aussi jusqu'à un certain point, celui de l'Empire britannique. Rome a très vite mobilisé les ressources de l'Empire à son profit. L'Egypte et les Gaules étaient responsables de l'approvisionnement en blé ; du Moyen-Orient venait le textile, de Grèce les amphores, d'Espagne la métallurgie [1]. Non que les Romains n'aient pas su faire preuve d'esprit inventif. Rome, en l'an 100 av. J.-C., était mieux équipée en routes pavées, en égouts, en alimentation ou en eau que la plupart des capitales européennes en 1800. Les Romains déployèrent une ingéniosité exceptionnelle pour tout ce qui touche à l'architecture (ils découvrent le ciment) et la construction des routes. Ils héritèrent des outils mis au point par les Grecs : le levier, la vis, les poulies, les engrenages, toutes innovations qui leur permirent de fabriquer des machines de guerre, mais dont les usages civils restèrent en sommeil

---

1. Cf. P. Bezbakh, *Le Monde de l'économie*, 29 avril 2003.

pendant des millénaires. Pour tout ce qui touche à la vie économique *stricto sensu*, le millénaire qui va de 500 av. J.-C. à 500 ap. J.-C. a en effet été particulièrement pauvre. Dans le domaine agricole, on reste pour l'essentiel en deçà des grands travaux d'irrigation qui furent entrepris en Egypte ou en Mésopotamie. Dans le domaine industriel, l'Antiquité et le Moyen Age sont très en retard sur les progrès accomplis en Chine par exemple. Selon l'historien des techniques Joel Mokyr [1], la société antique gréco-romaine n'a jamais été très créatrice d'un strict point de vue technologique. Elle a construit des roues à eaux mais n'a pas véritablement utilisé l'énergie hydraulique. Elle maîtrisait la fabrication du verre et comprenait comment utiliser les rayons du soleil, mais n'a pas inventé les lunettes. Alors que l'économie était (déjà) une affaire privée, l'Empire romain est resté peu innovant.

Reprenant ici la distinction proposée par J. Mokyr, on peut opposer deux types de croissance économique : celle qui est mue par une logique « smithsienne » et celle qui répond à une logique « schumpetérienne » – du nom de l'économiste austro-américain Joseph Schumpeter. Adam Smith disait qu'un grand marché favorise une division du travail efficace entre les personnes, on dirait plutôt aujourd'hui entre les régions d'une même écono-

---

1. Joel Mokyr, *The Lever of Riches, op. cit.*

mie. Cette division du travail est source de prospérité. C'est celle des Empires. La logique schumpetérienne fait, elle, dépendre la croissance de la
capacité d'innovation d'une économie. C'est celle
des Etats-Unis aujourd'hui. Rien n'empêche en
théorie de combiner les bénéfices de ces deux
types de croissance. Ce n'est pourtant pas la même
chose d'optimiser l'usage de ressources sur le
territoire le plus vaste possible, et de chercher à
innover sur un marché donné.

C'est par la société européenne qu'a été véritablement ouvert le cycle schumpetérien, à partir du
Moyen Age. Elle se détourne des gadgets amu-
sants ou des machines de guerre gréco-romaines et
produit, insensiblement, des innovations qui visent
à réduire la dureté de la vie ordinaire et à améliorer la vie matérielle des masses. L'Europe médiévale est peut-être la première société à bâtir un
système cherchant à économiser le travail humain,
la sueur des esclaves ou des *coolies*. Bon nombre
de malentendus sur la nature du capitalisme trouvent ici leurs sources. Le cheval, dont Jared Diamond nous avait fait voir le rôle déterminant dans
les sociétés antiques, ne devient productif d'un
strict point de vue économique qu'au Moyen Age.
Le collier d'épaule qui est alors mis au point permet d'en faire un animal de trait, là où auparavant
les sangles menaçaient de l'étrangler dès qu'il
devait tirer des charges trop lourdes. Toute

l'histoire européenne du Moyen Age jusqu'à nos jours est celle d'un nouveau type de croissance, dans laquelle les innovations technologiques entrent dans un cercle cumulatif. Alors que la croissance « smithsienne » finit nécessairement par s'épuiser, la croissance schumpetérienne est *a priori* sans limites. Chaque goulet d'étranglement, chaque facteur de blocage donne lieu à la recherche d'une invention qui la résout. Le premier malentendu à propos de la puissance américaine se joue ici. L'Amérique est peut-être une puissance impériale au sens politique du terme, mais elle ne l'est pas ou peu au sens économique.

LE DÉCLIN DE L'EUROPE ?

Le premier continent qui se retrouve distancé par la puissance schumpetérienne des Etats-Unis est l'Europe. L'Europe aujourd'hui semble avoir changé de registre et être davantage portée par une logique smithsienne que schumpetérienne. Le grand marché européen favorise les regroupements, rationalise les tâches à l'échelle du Continent [1]. La croissance « schumpetérienne » est celle

---

1. Les travaux d'Augustin Landier à Chicago et de Stefano Scarpetta à l'OCDE ont ainsi montré que la création d'entreprises en Europe souffrait du fait que la taille des firmes européennes

qui est portée à l'inverse par un renouvellement constant des techniques : pour croître, une firme prend la place d'un rival en offrant un produit plus innovant. Ce fut longtemps le cœur de la croissance européenne. C'est le cas de la croissance américaine aujourd'hui, qui dépose deux fois plus de brevets que l'Europe dans les domaines de haute technologie et dont les jeunes firmes sont non pas plus nombreuses qu'en Europe mais plus innovantes et connaissent cinq ans après leur création une croissance beaucoup plus forte que leurs homologues européennes. A la différence de la Silicon Valley américaine, l'Europe manque de champions tels Microsoft, Intel, Cisco, IBM, Dell, Compaq, AOL, etc. Tout au plus peut-elle opposer quelques points forts dans le domaine clé des téléphones mobiles. Encore faut-il relativiser cette performance si l'on tient compte du fait que des « champions » tels que Nokia ont établi leur département de recherche aux Etats-Unis. Dans le cas de la téléphonie mobile, c'est bien un avantage « smithsien » dont profite l'Europe : elle bénéficie d'une norme commune pour l'ensemble de son territoire. Dans le classement des 100 premières entreprises de la nouvelle économie réalisé par *Business Week*, l'Europe compte six firmes, dont

---

nouvellement créées se stabilisait à un niveau significativement plus bas qu'aux Etats-Unis...

trois scandinaves et une française (STM), contre 75 firmes américaines.

On dit parfois que l'Europe serait culturellement moins innovante que les Etats-Unis. Sans remonter jusqu'au Moyen Age, l'histoire du XIXᵉ siècle et du début de XXᵉ siècle infirme cette idée. L'Europe était « schumpetérienne » au XIXᵉ siècle. C'est l'Amérique qui alors était « smithsienne », préoccupée d'abord par la création de son marché intérieur. Bon nombre de facteurs ont fait permuter les rôles, parmi lesquels la Seconde Guerre mondiale. Il est possible que l'Europe trouve désormais son compte dans la situation actuelle : être légèrement en retard sur les Etats-Unis en matière technologique, et faire le bon choix après coup. Paul Geroski, économiste américain émigré en Angleterre, rappelait son émerveillement devant la télévision en couleurs européenne : du fait de sa décennie de retard sur l'Amérique, l'Europe avait su faire un choix technologique supérieur. Ce qui paraît à Geroski comme une fine stratégie est pourtant bien davantage subi que voulu, faute de moyens et de volonté.

L'innovation est le véritable nerf de la guerre de la nouvelle économie. Pour les nouvelles technologies de l'information ou la pharmacie, elle est devenue l'objet quasi exclusif de l'activité économique, comme l'ont montré les rapports du

Conseil d'analyse économique rédigés par Robert Boyer et Michel Didier ou ceux d'Elie Cohen et Jean-Hervé Lorenzi [1]. Des secteurs où elle était quasi absente comme les services « traditionnels », ont connu également des innovations brutales. Au regard des statistiques globales, les grands pays ne semblent pas spécifiquement en retard en matière de recherche et développement, mais, à l'échelle de l'Europe dans son ensemble, les dépenses de recherche et développement sont beaucoup plus faibles qu'aux Etats-Unis. Si l'on en croit les données présentées par Ugur Muldur en complément du rapport d'Elie Cohen et de Jean-Hervé Lorenzi, le handicap cumulé en matière de dépenses de recherche et développement des Quinze sur les Etats-Unis entre 1990 et 1997 a atteint 386 milliards de dollars ; au cours des années récentes il atteint un rythme annuel de plus de 60 milliards de dollars. Indépendamment même du niveau des dépenses, la recherche européenne reste un empilement de recherches nationales qui, au total, valent moins que la somme de ses composantes individuelles. Les procédures même d'allocation

---

1. R. Boyer et M. Didier, *Innovations et croissance*, Conseil d'analyse économique, La Documentation française, 1998 ; E. Cohen et J.-H. Lorenzi, *Politiques industrielles pour l'Europe*, Conseil d'analyse économique, La Documentation française, 2000 ; voir aussi D. Cohen et M. Debonneuil, *La Nouvelle Economie, op. cit.*

des ressources communautaires, qui sont très attentives à respecter les équilibres entre nations, ne parviennent pas à faire émerger des pôles d'excellence européens qui puissent se comparer aux pôles constitués aux Etats-Unis autour des grandes universités. Il serait, certes, illusoire pour l'Europe de chercher à copier le modèle américain : rares sont ceux qui accepteraient qu'on accorde à Oxford ou à Bologne la même concentration de ressources que celle qu'on observe autour de Boston ou de San Francisco et le rôle joué par le Pentagone américain n'est guère transposable au plan européen, fût-ce en raison de la barrière naturelle des langues. La recherche américaine profite à plein des effets d'agglomération. L'Europe ne parvient pas à trouver une formule qui soit adéquate à son histoire et à sa géographie.

Il est déjà arrivé à l'Europe d'être en « retard » sur les Etats-Unis et de les rattraper. Les Trente Glorieuses marquent l'une des pages parmi les plus fameuses de l'histoire économique européenne. Les méthodes de *management* que les industriels français vont copier aux Etats-Unis ont à cette époque un parfum de familiarité avec celles qui existent déjà en Europe. Elles ont une même source, la révolution industrielle du début du XXe siècle, à laquelle la France ou l'Allemagne, par exemple, ont fortement contribué. On ne peut compter pour rien non plus l'envie de tourner la page de la guerre, et de se jeter à corps perdu dans la reconstruction. Renault, dont le titulaire du nom fut jugé pour fait de Collaboration est à cet égard deux fois emblématique. La situation actuelle est différente. Le fait que la quasi-totalité des nouvelles technologies viennent aujourd'hui des Etats-Unis crée un sentiment pénible de dépossession. « Une civilisation décline dès qu'elle cesse d'innover », dit Huntington dans son *Choc des civilisations*. Le problème que posent les Etats-Unis au monde vient du fait que l'innovation est devenu leur avantage comparatif. Le pourcentage d'Américains qui font des thèses en *engineering* est lui-même en baisse régulière. Mais l'Amérique, c'est sa force, n'a aucune difficulté à faire venir des chercheurs indiens ou européens, payés au prix fort, pour les remplacer. Pour l'Inde et la Chine, l'échange n'est pas inégal. Les Chinois ont appris depuis longtemps à bénéficier des apports de leur diaspora. Et l'écart de revenus avec les Etats-Unis est si stratosphérique, qu'ils éprouvent sans doute la même exaltation à essayer de les rattraper que celle que nous avons connue durant nos Trente Glorieuses.

Pour les Européens, qui ont été « au contact » avec les Etats-Unis pendant la majeure partie du XXe siècle, la pilule est en revanche plus amère. Les Européens réagiront-ils ? C'est probable, mais ce n'est pas certain. Joel Mokyr explique ainsi le déclin de l'Angleterre au XIXe siècle par son incapacité à créer des écoles d'ingénieurs (à l'image de celles qui furent fondées à cette époque en France et en Allemagne), qui auraient permis aux enfants et petits-enfants de ceux qui avaient inventé la machine à vapeur ou la machine à tisser de faire avancer les innovations de leurs parents. Toujours selon Mokyr, les dignes rejetons de ces inventeurs géniaux se sont retrouvés dans les « Public Schools », les écoles privées anglaises, à étudier l'art de la domesticité ou du bon goût, écartant l'Angleterre, à l'aube du XXe siècle, des grandes innovations – moteur à explosion ou électrique... – qui allaient façonner le monde. En toute hypothèse, on est ici au cœur d'une question qui se posera à tous les peuples. Au-delà du cas européen et en dehors de toute considération d'efficacité économique, le monde ne peut être « juste » si les peuples n'ont pas chacun le sentiment de contribuer à l'élaboration des savoirs qui le façonnent.

L'EUROPE, ÉCOLE DE LA MONDIALISATION

Les Etats-Unis incarnent une puissance mondiale qui est à l'image de la « nouvelle économie ». Elle est à la fois productrice de baskets, de médicaments, de films, de logiciels, des biens immatériels à l'usage du monde. Mais c'est aussi une économie domestique, « provinciale », à destination de consommateurs pour lesquels on est prêt à dépenser davantage, on l'a vu, pour qu'ils mettent à leurs pieds une paire de Nike que pour la fabriquer. Elle incarne les deux extrêmes, où le global cohabite intimement avec le local. Le modèle européen est différent. Il est fondé sur un échange de proximité entre des nations qui profitent de ce qui demeure la matrice européenne : une formidable diversité de culture et d'histoire, qui ne parviennent pas à franchir le cap de l'intégration politique du fait même de cette diversité qui ne s'estompe pas. Le modèle européen est une source d'inspiration pour de nombreux pays – ceux de l'ASEAN qui n'entendent pas être absorbés par la Chine ou ceux d'Amérique latine, pour à peu près les mêmes raisons que vis-à-vis des Etats-Unis. C'est un bon modèle, dont le seul inconvénient est de ne pas être aussi universel que le souhaiteraient les Européens.

L'Europe donne pourtant, malgré ses échecs et en partie de leur fait, plusieurs leçons de « mondialisation ». L'Union européenne est, tout d'abord, toujours parvenue à résorber les inégalités de revenus entre les nations qui la composent. L'Irlande, partie loin derrière les autres pays du Continent, est aujourd'hui parmi les plus riches de l'Union. A des rythmes plus lents mais néanmoins significatifs, l'Espagne, le Portugal et la Grèce, laquelle ne dispose pourtant d'aucune frontière terrestre avec les autres pays européens, sont en passe de rattraper la moyenne européenne. Il est évidemment impossible de faire la part de ce qui constitue la réussite de l'Europe. Est-ce l'accès au Marché unique, les institutions communes, les fonds d'aide aux régions en difficulté ? Cette question est certainement importante pour les experts et comptera aussi beaucoup pour accompagner l'élargissement aux dix nouveaux membres. Mais, au regard du résultat historique, elle a peu d'importance : une fois intégrés à un ensemble ayant la cohérence institutionnelle de l'Europe, les pays pauvres convergent vers les pays riches.

Il est parfois reproché à l'Europe d'être un vecteur de la mondialisation en soumettant les économies européennes aux mêmes lois que celle du marché mondial. C'est une accusation injuste si l'on en juge par la convergence des revenus nationaux qu'elle a produite. Elle est pourtant soumise aux mêmes effets paradoxaux de la mondialisation. La baisse du coût des distances n'a pas protégé ses régions des effets « d'agglomération ». Alors que les écarts entre nations ne cessent de se réduire, les inégalités entre régions ont brutalement arrêté de décroître depuis plus de vingt ans. En France, la région Ile-de-France produit à elle seule 40 % du PIB national, domination qui n'est nullement menacée par Internet ou le TGV. La région Ile-de-France, elle-même, ne souffre pas de la mondialisation. Les destructions d'emplois n'y sont pourtant pas moindres que dans les autres régions. Mais les créations y sont également très nombreuses. Dans les régions qui sont toujours tributaires d'une spécialisation industrielle héritée du XIXe siècle, la mondialisation, en tant qu'elle stimule le passage vers une société post-industrielle, a un coût humain considérable. C'est en ce sens que l'Europe est parfois interprétée comme le relais de la mondialisation.

L'Europe offre enfin une dernière leçon. Elle montre que l'intégration économique ne signifie nullement l'éradication de la diversité culturelle. A voir la diversité rebelle des Suédois ou des Italiens, des Allemands et des Français, ou même du Portugal et de l'Espagne, on ne devrait pas craindre que le marché annule la pluralité du monde. Pour ceux qui sont inquiets de voir disparaître la diversité culturelle des peuples, il est possible de dire que l'Europe l'a davantage aiguisée qu'effacée. Les Catalans ou les Corses poussent d'autant plus loin leurs exigences d'autonomie qu'ils se savent protégés, du point de vue économique, par l'Europe et l'euro. L'argument d'efficacité économique au nom duquel il faut être une grande nation (au sens démographique du terme) pour être prospère n'a plus cours. En fait, les six pays les plus riches d'Europe sont les six plus petites nations : le Luxembourg, les trois pays scandinaves, l'Irlande pourtant nouvelle venue, et les Pays-Bas. On trouve ici à l'œuvre le mécanisme que nous avons vu décrit par Bénabou : des sociétés égalitaires peuvent enclencher des rythmes de croissance plus élevés. Ce qui fonde ce qu'on pourrait appeler la réussite européenne, à savoir une intégration économique qui reste respectueuse de la diversité culturelle, est aussi ce qui signe son incapacité à créer un Etat-Nation à part entière. C'est parce qu'elle atteint son objectif économique et culturel qu'elle manque, pour l'instant, son objectif politique.

L'ordre mondial

Au lendemain de l'attaque contre les *Twin Towers*, les Etats-Unis ont mis en œuvre toute la panoplie des attributs d'un Etat souverain [1]. Sans même parler des préparatifs de guerre, et pour demeurer ici dans le domaine économique, l'administration américaine a immédiatement négocié l'usage libre du CIPRO, le médicament contre l'Anthrax, avec l'industrie pharmaceutique ; elle a indemnisé les industries touchées par l'attentat (assurance, tourisme, aviation) et engrangé au passage une baisse additionnelle de ses taux d'intérêt. Rien ne semble avoir été négligé pour sortir au plus vite de la crise. La réaction de l'Europe a été bien différente. Elle est apparue comme un géant prisonnier de ses règles et de ses

---

1. Cette section reprend un article publié par l'auteur dans *Le Monde* du 7 décembre 2001, « L'Europe, un géant sans tête », repris dans *Chroniques d'un Krach annoncé*, *op. cit.*

procédures. Des négociations délicates avec la Commission ont dû être engagées par les Etats européens pour obtenir l'autorisation de subventionner les secteurs frappés par la crise, la réponse budgétaire a été encadrée par le pacte de stabilité et la Banque centrale a fini par procéder à une baisse des taux mais à retardement et à la condition que cessent les pressions dirigées contre elle. Comme le soulignait une note désabusée publiée par la fondation « Notre Europe » présidée par Jacques Delors : « Alors qu'aux Etats-Unis, un coup de fil informel entre le président de la Banque centrale et le secrétaire au Trésor suffit pour un échange de vues constructif, tout dialogue dans la zone euro doit forcément rassembler beaucoup plus de monde. »

Comme le font remarquer Elie Cohen et Jean Pisani-Ferry, tout est fait en Europe pour que personne n'ait jamais à prendre véritablement de décisions [1]. Tout doit découler de règles préalablement actées, qu'il s'agisse par exemple de la Banque centrale européenne ou du pacte de stabilité. Dans des champs « spécialisés » que sont le droit de la concurrence ou les normes sanitaires, l'Europe peut créer une régulation supra-nationale efficace et crédible. Mais elle est incapable de les adapter à

---

1. E. Cohen et J. Pisani-Ferry, « Les paradoxes de l'Europe-puissance », *Esprit*, 2002.

des circonstances particulières, même quand celles-ci sont aussi exceptionnelles que le 11 septembre. Tout gouvernement normalement constitué
sait pourtant qu'il doit apporter, par exemple, une
aide aux victimes d'un sinistre imprévisible ou
simplement non prévu. Sa tâche essentielle est de
faire jouer un pouvoir discrétionnaire, quand les
règles sont inadaptées ou simplement absentes. Le
philosophe anglais Locke disait que le propre du
pouvoir exécutif est de statuer sur les cas où des
règles n'étaient pas encore énoncées. Comme le
faisait également remarquer Carl Schmitt, théoricien de l'état d'exception, une guerre ne peut être
menée que par des Etats souverains, du fait justement qu'elle fait entrer dans un domaine où
l'exception est la règle. Un gouvernement normalement constitué dispose d'un crédit de légitimité,
plus que d'une légitimité absolue, qui lui permet
de faire face à des circonstances imprévues,
comme un ménage pourrait faire face à des dépenses exceptionnelles, crédit renouvelé à l'occasion
de chaque élection. Privé de ce moment électif, des
agences telle la Commission européenne peuvent
fonctionner à partir de règles données. Elles
n'incarneront jamais ce moment de liberté radicale
qui est donné à un exécutif normalement constitué
face à des circonstances exceptionnelles.

Dès l'ouverture de la Convention chargée de
rédiger une Constitution européenne, Valéry Gis·

card d'Estaing a parfaitement expliqué ce qui faisait la difficulté de l'exercice qui lui était proposé par rapport à ce qu'aurait été la rédaction d'une Constitution démocratique ordinaire. L'Europe est composée de peuples *et* d'Etats. C'est une idée essentielle, vite oubliée par ceux pour lesquels l'Etat n'est qu'un instrument à la disposition des peuples. Les Etats ont une existence autonome, auxquels les peuples eux-mêmes sont attachés. La première idée qui soit venue à l'esprit des philosophes ou des hommes politiques est en fait que les Etats sont les sujets légitimes de l'ordre mondial. Leur assemblée, l'ONU, a ainsi été pensée comme nouvelle agora du monde. L'exemple de la guerre de 2003 en Irak montre toutefois immédiatement les limites de cette analogie. Dans une démocratie représentative, les citoyens sont réputés égaux. Même s'il s'agit d'une fiction, c'est une fiction créatrice, une idée au nom de laquelle les gens sont prêts à se battre. Dans le cas des relations internationales, cette fiction ne fonctionne pas. Il y a tout d'abord des Etats petits ou grands par le nombre d'habitants. Ce point paraît mineur mais il est essentiel. Il est peut-être celui qui a fait le plus de mal à la construction européenne. Si l'Europe était constituée de 5 ou 6 Etats de la taille de la France, bien des difficultés institutionnelles auxquelles elle est confrontée (rotation des présidents, poids des petits pays à la Commission...) seraient immédiatement résolues. Jamais la Chine ne sera de même rang que le Laos. L'idée d'une démocratie mondiale fondée sur les Etats ne peut pas fonctionner, sinon très métaphoriquement.

A ce problème d'hétérogénéité des tailles s'ajoute évidemment celle des richesses. Les pays riches ne peuvent courir le risque de laisser aux pays pauvres la moindre créance sur leurs revenus. Les cordons de la bourse ne se partagent pas. On dira que les habitants de Neuilly ont bien dû accepter, non sans avoir essayé de s'y opposer, un impôt sur le revenu. Il est clair toutefois que, s'ils pouvaient faire sécession, ils n'hésiteraient pas. Si les Etats « résistent » à l'usure du temps, c'est parce qu'ils ont passé ce test de l'histoire qui consiste à prouver à *leurs* peuples qu'il est possible d'y vivre pacifiquement, qu'ils incarnent l'idée d'une vie collective qui n'est pas oppressive. *A contrario*, le problème de l'Afrique tient en grande partie au fait que les Etats n'existent pas, ce qui rend impossible de sortir des guerres civiles, ce « développement à rebours » selon la formule de Paul Collier.

C'est pour contourner son incapacité à accéder à la dualité simple des démocraties représentatives ordinaires fondées sur le couple gouvernement/Parlement, que l'Europe a dû ajouter à son édifice institutionnel un troisième terme, la Commission. Conçue dans l'idée qu'elle formerait un jour le gouvernement de l'Europe, elle est restée jusqu'à nos jours un cran en deçà, aiguisant les ressentiments de tous : des souverainistes qui récusent son autorité aux fédéralistes qui s'insurgent devant sa faiblesse. Le trio Commission/Conseil/Parlement illustre pourtant une innovation institutionnelle essentielle. Le Conseil, qui représente les Etats, garde le dernier mot, et le Parlement, qui incarne le Peuple, est doté d'un pouvoir délibératif. Le premier mot de la définition d'un agenda revient cependant à la Commission, réputée garante du « bien public communautaire ». Cette notion fait sourire, ce pourquoi elle est mise entre guillemets. La Commission s'est laissé enliser dans le seul rôle de « père la rigueur », qui la rend, aux yeux de l'opinion publique, plus proche d'une logique notariale que d'une conscience morale. D'un point de vue politique, le modèle européen apporte pourtant une solution au problème de la « gouvernance » mondiale, dans les cas où il n'y a pas de gouvernement du monde.

Le simple fait de pouvoir fixer un agenda s'avère en effet un pouvoir considérable. Il permet à la Commission d'écarter d'emblée des choix incompatibles avec « l'esprit communautaire ». Elle ne proposera jamais par exemple que la France paie la totalité de la politique agricole commune, même si, soumise au vote, une telle proposition ravirait les autres pays. Le philosophe

J. Rawls disait qu'une mesure est juste si elle peut être approuvée par des gens tenus dans l'ignorance de son bénéficiaire. Si Paul n'accepte pas qu'on lui dise de s'occuper de Pierre, il admettra qu'on dise que celui qui a faim doit être nourri par celui qui est repu. Enoncer un agenda européen « juste » consiste à faire des propositions qui seraient acceptables par n'importe quel Européen, tenu dans l'ignorance de la nationalité de son bénéficiaire final. Le rôle de la Commission européenne consiste ainsi à occuper la place du citoyen de l'Europe, en l'absence de celui-ci. C'est cette fiction créatrice qui permet de comprendre la force et la limite du modèle européen. Sa force tient au fait qu'elle institue une citoyenneté qui fait défaut ; sa limite est de rester en deçà d'une véritable démocratie. Tel est, pour simplifier, le problème qui se pose aujourd'hui au monde : réfléchir aux moyens de faire une place à ce grand absent, le citoyen du monde.

CHAPITRE VII

Le sida et la dette

OMC : les malades sont au Sud...

« Les malades sont au Sud et les médicaments au Nord », disait fort bien Bernard Kouchner. Plusieurs millions de personnes meurent en Afrique, faute de pouvoir utiliser des médicaments qui pourtant existent. Dans le cas du sida, les chiffres abyssaux ne seront jamais suffisamment rappelés. 25 des 34 millions de personnes infectées dans le monde vivent en Afrique. En Afrique du Sud, on parle de 4 millions de personnes, soit 20 % de la population adulte. Au Botswana, c'est 36 % de la population adulte qui est touchée, et l'espérance de vie n'y dépasse pas 29 ans. Le cycle semble infernal : les jeunes filles sont contaminées par des hommes adultes (on n'ose dire vieux), les enfants par leur mère, à la naissance ou par l'allaitement. Pire enfin, lorsque les médicaments sont utilisés (pendant la grossesse par exemple), ils le sont de manière insuffisante, créant une résistance du virus qui rend plus problématique encore le traitement à suivre.

Mourir d'une maladie dont le remède existe déjà n'est pas comme envier le propriétaire d'une paire de mocassins qu'on voudrait porter à sa place : ce n'est pas seulement injuste au sens ordinaire du terme, c'est inutile, « inefficient » au sens économique. Il y a une immense différence entre la propriété intellectuelle et la propriété tout court. Acheter une maison ou une paire de chaussures, c'est revendiquer le monopole légal de leur usage : je suis, moi, dans mes chaussures et non pas toi, sauf si je veux bien te les prêter. Principes en vertu desquels « cordonnier est maître chez soi », et qui ont fait figurer la propriété dans les droits « inaliénables et sacrés » de l'homme moderne. La propriété intellectuelle est d'une tout autre nature. Une chanson ou une formule chimique ne s'achètent ni ne se consomment au sens usuel du terme. Ce sont des idées et non pas des objets ; elles survivent aux usages privatifs qui en sont faits. Lorsqu'une idée a été trouvée, rien ne fait obstacle à son usage par tous, sinon la propriété intellectuelle elle-même. Alors que la propriété tout court rend possible l'appropriation d'un objet, le droit de propriété intellectuelle la restreint. Privé de propriétaire, un bien ordinaire est – à la limite – inconsommable. Dans le cas de la propriété intellectuelle, rien de tel. Une idée peut sans contradiction appartenir à tous, et rien ne garantit qu'un système où toute idée serait protégée par un droit de propriété soit efficace.

On peut en déduire les contradictions internes de la propriété intellectuelle. La meilleure manière, en principe, de trouver une idée nouvelle pour résoudre un problème donné est de coordonner la recherche de ceux qui s'y attellent et, une fois la découverte effectuée, de mettre celle-ci à la disposition de tous. Le « bon » modèle de référence est ici, non pas celui du marché, mais celui de la recherche académique qui récompense par des distinctions diverses le « bon chercheur », tout en laissant ses découvertes libres à tous [1]. Le système de propriété intellectuelle conduit à faire

---

1. Le modèle de l'*open science* est pourtant lui-même menacé par la prolifération de la propriété intellectuelle. Paul David donne l'exemple du cas où l'administration Reagan a accordé, en 1984, le monopole d'exploitation des images de la terre par satellite à l'EUSAT (Earth Observation Satellite) ; le coût des images est passé de 450 à 4 500 dollars l'unité, la recherche académique s'est immédiatement interrompue. De même, l'exemple donné dans un rapport du Conseil d'analyse économique sur *La Propriété intellectuelle* (2003) montre que « les brevets et les licences traditionnelles qui leur sont attachées ont un impact significativement négatif sur l'offre clinique de tests génétiques et ont amené beaucoup d'unités médicales à renoncer à l'administration des tests et même à la recherche les concernant ». Si une propriété intellectuelle trop stricte peut être contre-productive pour le développement ultérieur des savoirs, l'absence totale de propriété intellectuelle pose évidemment d'autres problèmes. Elle peut purement et simplement décourager la recherche, du moins en l'absence de financement public adéquat. Elle peut inciter les innovateurs à garder leurs secrets de fabrication, et donc à réduire plus encore l'usage productif d'une idée au profit de la communauté. Il y a un équilibre à trouver.

exactement le contraire. Les équipes qui sont en concurrence sur le même sujet, pour tel ou tel médicament par exemple, ne partagent pas leurs savoirs, et, une fois faite, la découverte sera la propriété exclusive de celui qui l'a en premier réalisée. On tient ici, pour le monde moderne, une idée qu'avait énoncée par Marx, d'une contradiction entre le développement des forces productives, ici de l'innovation, et celui des rapports de propriété.

La question des OGM fournit un bon exemple de ce qui est en jeu. Comme le notait José Bové lui-même dans une réponse adressée à Mike Moore, alors le directeur de l'OMC (et homonyme du cinéaste), les paysans du Sud sont jusqu'à « mille fois moins productifs » que ceux du Nord. En Afrique où les terres stériles ont résisté à la « révolution verte » des années soixante, on désespère parfois de jamais les rendre fertiles. L'auto-suffisance alimentaire signifierait dans un tel contexte que les populations concernées continuent de payer cher leur nourriture, qui constitue l'essentiel de leur dépense. Le rapport 2002 du Programme des Nations unies pour le Développement, apôtre d'un index du développement humain devenu célèbre et qu'on ne peut accuser de sympathie pour le *big business*, recommande l'usage des OGM dans les pays pauvres pour sortir de cette impasse. Si les OGM impliquent un principe de précaution eu égard à la santé publique, ils posent bien davantage encore un problème économique. Alors que l'histoire éternelle de la paysannerie a toujours été de pouvoir planter librement les semences, les OGM les exposent au risque de passer sous la dépendance de groupes qui en détiennent le monopole légal, et de voir ainsi le bénéfice de technologies utiles leur échapper. Sans une régulation « juste » de la propriété intellectuelle, les conflits ne peuvent que s'aiguiser. Les offices qui accordent les brevets le font sur des bases essentiellement techniques. Elles ne se posent pas la question, à la différence des autorités de la concurrence par exemple, du bien-être social. Il est crucial que les instances de régulation de la concurrence puissent porter un jugement régulateur, tout comme elles le font ordinairement dans les autres cas où il y a risque de monopole. Pour les pays pauvres néanmoins, une régulation conçue par et pour les pays du Nord ne peut suffire. D'autres garanties sont indispensables.

Les contradictions culturelles de la « nouvelle économie » débouchent dans le cas des médicaments sur une contradiction morale bien plus cruelle. Le marché mondial de la santé est l'un des plus florissants. Il devrait atteindre bientôt 4 000 milliards d'euros. Plus de 80 % de ce marché est situé dans les pays riches de l'OCDE. D'où il résulte que les médicaments sont chers : du simple fait que les riches peuvent et veulent payer pour leur santé, les médicaments sont de plus en plus sophistiqués et plus performants, incorporant des dépenses de recherche et développement de plus en plus lourdes, ce qui est en soi parfaitement normal. Le problème n'est pas là. Il tient au fait que, sur ce marché mondial, les pays pauvres doivent également payer très cher leurs médicaments. Une étude présentée par la Commission « Macroéconomie et Santé » présidée par Jeffrey Sachs pour l'OMS établit en effet que les pays pauvres paient leurs médicaments à 85 % en moyenne du prix acquitté dans les pays riches. Dans 98 des 465 cas de médicaments étudiés, la Commission a établi que les prix pratiqués sont en fait plus élevés dans les pays pauvres. Or à ce tarif, la demande est presque nulle. Un médicament générique, qui aurait les mêmes propriétés mais n'inclurait pas dans son prix de vente l'amortissement des dépenses d'investissement des firmes pharmaceutiques, peut être dix fois moins cher que le médicament d'origine. Pourquoi le modèle de la « nouvelle économie » qui permet de diffuser des films aux quatre coins de la planète ne fonctionne-t-il pas dans le seul cas où, on ose dire, on voudrait qu'il le fasse : faire payer l'usage d'une innovation à un tarif proportionné au revenu de chacun ?

La principale raison donnée par les entreprises pharmaceutiques est leur crainte de voir les médicaments génériques vendus aux pays pauvres clandestinement réexportés vers les pays riches. Il existe de fait bon nombre de produits de contrefaçon qui sont introduits illégalement sur le marché américain : cigarettes, t-shirts... Comme le souligne l'ONG britannique Oxfam, il n'existe pourtant à ce jour aucun signe attestant que les produits pharmaceutiques fassent partie de la liste, sinon pour des montants dérisoires. Et il n'est pas difficile de comprendre pourquoi : on peut fumer des cigarettes de contrebande ou arborer des sacs de contrefaçon. Prendre des pilules non labellisées est beaucoup plus audacieux, d'autant que dans la plupart des cas ce n'est pas le particulier mais sa mutuelle qui paie. L'argument officiel ne tient donc pas. La raison inavouée est ailleurs : elle réside dans le risque politique que font peser les produits génériques sur la « légitimité » des tarifs pratiqués dans les pays riches eux-mêmes. Les firmes craignent qu'il ne devienne plus difficile de justifier le fait de vendre 1 000 un produit dont il existe un équivalent générique qui ne coûte que 100. C'est pour se protéger de ce procès en légitimité qu'il leur semble « plus simple » de ne pas s'embarrasser d'une double tarification, laquelle pourtant, fondamentalement, ne leur coûterait rien.

Au nœud des « contradictions culturelles » propres à la nouvelle économie et des « contradictions morales » qui opposent riches et pauvres, la question des médicaments a constitué un cocktail explosif, qui a sauté à la figure des entreprises pharmaceutiques. « Les produits génériques [contre le sida] sont des actes de piraterie qui seront éradiqués comme l'avait été la piraterie au XVIIe siècle », déclarait le président d'un grand groupe pharmaceutique. Devant la pression de l'opinion, il a dû ravaler ses mots. Les médicaments n'appartiennent pas aux laboratoires au sens où ils l'entendent, leur donnant le droit d'en faire ce qu'ils veulent. Du seul fait de leur existence, les médicaments obligent moralement les pays riches. Même s'il faut encore en améliorer la manière, le droit de fabriquer et d'exporter aux pays les plus pauvres des médicaments génériques a finalement été admis par l'OMC.

FMI : *Drop the Debt*

Avec l'appui du Pape et de Bono, le chanteur du groupe U2, une formidable campagne de mobilisation pour l'annulation de la dette des pays pauvres s'est déclenchée juste avant le passage à l'an 2000. L'opération « Jubilé 2000 » a marqué l'opinion, en faisant résonner à l'ombre des préceptes bibliques le formidable décalage qui peut exister entre la morale des peuples et la raison froide du calcul économique. Cette campagne eut dans les pays anglo-saxons la même résonance que chez nous le mouvement ATTAC, dirigé, lui aussi, contre la mondialisation financière. Elle symbolise parfaitement ce qui effraie dans la mondialisation : l'absence de contrepoids politiques, moraux, à la globalisation économique.

L'annulation de la dette a une longue tradition. L'histoire abonde en exemples où elle eût changé le cours du monde. Selon certains historiens bri-

233

tanniques, la Révolution française s'explique en grande partie par le fait que la France s'est ruinée à soutenir la guerre d'Indépendance américaine contre l'Angleterre, accumulant une dette qu'elle fut ensuite incapable de rembourser, en dépit du fait qu'elle ait nommé un banquier suisse, Necker, à la tête du gouvernement. Plus près de nous, Keynes s'est rendu célèbre au lendemain de la Première Guerre mondiale en publiant *Les Conséquences économiques de la paix*, livre dans lequel il adjurait les vainqueurs de « faire un feu de joie » des dettes de guerre, s'ils voulaient en éviter une autre. La dette allemande ne sera jamais payée, comme Keynes l'avait annoncé, mais la guerre aura bien lieu, ainsi qu'il l'avait également prédit. Après la Seconde Guerre mondiale, la leçon a été entendue ; le plan Marshall se donnera justement comme objectif d'accorder des dons aux nations détruites par la guerre [1].

Un siècle plus tard, l'annulation de la dette est toujours à l'ordre du jour, mais c'est la dette d'une autre guerre perdue, celle contre le sous-développement dont il faut à présent signer l'armistice. On

---

1. Philippe Roger note ici avec humour un trait de l'anti-américanisme (*L'Ennemi américain*, Paris, Le Seuil, 2002). Au lendemain de la Première Guerre on a reproché aux Américains de ne pas effacer les dettes de guerre. Au lendemain de la Seconde, lorsque, instruits par l'histoire, ils le feront, on leur reprochera leur arrogance.

estime aujourd'hui à plus de 150 milliards de dollars la dette accumulée par les pays les plus pauvres à la fin des années quatre-vingt-dix, l'équivalent en moyenne de trois années de leurs exportations. Longtemps, les pays créditeurs ont essayé d'entretenir la fiction que cette dette serait payée. Presque tous les mois, réunis dans ce qu'on appelle le Club de Paris, les créanciers publics convoquaient devant une sorte de tribunal les ministres des Finances des pays les plus endettés, les priant ensuite d'attendre leur verdict, parfois toute la nuit, dans une salle attenante. Inlassablement, la dette était rééchelonnée, dans l'espoir de jours meilleurs où elle pourrait être payée. Tout comme pour l'Allemagne au lendemain de la guerre, la dette déstabilise le pays débiteur qui vit sous la menace constante de la faillite, mais sans rien rapporter pourtant aux créditeurs eux-mêmes.

En théorie, rien de mieux comme support de la globalisation financière qu'une population vieillissante, aujourd'hui celle des pays riches, investissant dans une population jeune, celle des pays émergents, pour préparer les retraites de demain. Les dernières années du siècle ont, de fait, enregistré une hausse spectaculaire de la mobilité financière. Mais à un coût immense. Des études ont ainsi montré qu'au cours des années quatre-vingt et quatre-vingt-dix 125 pays (!) ont fait l'expérience de crises bancaires sérieuses, 70 pays en

235

voie de développement étant confrontés à des crises extrêmes, lesquelles ont entraîné un coût social considérable, emportant jusqu'à 10 % du PIB des pays concernés [1]. Entre 1979 et 1998, on ne compte pas moins de quarante épisodes au cours desquels un retournement financier brutal a été opéré. Quatorze ont eu lieu au cours de la seule période 1994-1998 (crise mexicaine puis asiatique). On a parlé de « décennie perdue » pour caractériser les années quatre-vingt en Amérique latine. Après une décennie au cours de laquelle les pays d'Amérique latine avaient subi les effets des plans de rééchelonnement, ils ont finalement bénéficié d'une remise de dette à la fin des années quatre-vingt, dans le cadre de ce qu'on a appelé le plan Brady. Les annulations ont porté sur 30 % de la dette totale dans le cas mexicain, jusqu'à 80 % dans le cas bolivien. Elles furent suivies d'une reprise immédiate de la croissance économique, mais s'avérèrent insuffisantes. La méfiance des créanciers, à l'égard du Brésil par exemple, rend la dette intenable, le seul jeu des primes de risque suffisant à la faire exploser. La dette y est devenue sa propre cause.

La critique de la globalisation financière est au

---

1. M. Goldstein, C. Hills, P. Peterson, *Safeguarding Prosperity in a Global Financial System*, Council on Foreign Relations, 1999.

centre des reproches adressés à la globalisation tout court. Parti de France, le mouvement ATTAC a repris à son compte l'ordre du jour de feu James Tobin, de jeter, selon les mots de Tobin lui-même, « quelques grains de sable dans les huilages trop bien huilés de la finance internationale ». Bon nombre d'études, y compris celles qui ont été publiées par le FMI, ont montré que la globalisation financière était un facteur de déstabilisation récurrent, auquel il serait finalement plus sage que les pays pauvres renoncent. Au-delà des questions techniques qu'elle suscite, la taxe Tobin doit bien évidemment sa popularité à la manière efficace par laquelle elle scelle symboliquement un double objectif : dénoncer l'emprise nouvelle de la finance sur le fonctionnement des économies et mettre en lumière le besoin d'aider les pays les plus pauvres. D'un strict point de vue technique, l'effet le plus sûr de la taxe sera de diminuer le volume des transactions. Est-ce un élément de stabilisation des marchés ? Elle réduira les transactions à « haute fréquence » (les aller-retour quotidiens des intervenants sur les marchés des changes) et sera sans effet sur les transactions à « basse fréquence » faites par les opérateurs qui placent leur argent à plus long terme. Il n'est pas prouvé que ce soit des premiers que vienne le mal, nombre d'économistes pensant à l'inverse que ce sont plutôt les opérateurs « basse fréquence » qui déstabilisent les marchés financiers, comme l'atteste par exemple celui de l'immobilier où les crises sont tout aussi graves.

Le débat reste ouvert et ce n'est sans doute pas le point essentiel. A l'aune de son effet « politique », on ne peut qu'être admiratif de l'enthousiasme qu'elle a suscité en faveur d'une mesure d'aide aux pays pauvres qui sont habituellement en dehors de l'écran radar des hommes politiques. L'aide publique au développement voit en effet sa part constamment régresser et reste en moyenne deux fois inférieure à l'objectif fixé par l'ONU de 0,7 % du PIB. En choisissant de militer pour des formules telles que la taxe Tobin à forte charge symbolique mais complexe à mettre en œuvre dans la mesure où elle exige l'unanimité des pays industrialisés au moins, les mouvements d'altermondialisation dispensent les pays riches de répondre *hic et nunc* de la réalité de leurs efforts en faveur du tiers-monde. Quelle que soit la formule de financement retenue, le plus simple eût été d'abord de rendre chaque gouvernement comptable devant sa propre opinion publique des sommes qu'il consacre lui-même à la réduction des inégalités mondiales.

Il peut être utile de souligner également que les crises financières ont toujours eu des effets considérables dans les pays industrialisés, jusqu'à la Crise de 1929. Depuis la Seconde Guerre mondiale toutefois, si l'on continue bien d'enregistrer moult crises financières et immobilières, on n'observe plus de « crise systémique » au sens de faillites en chaîne, démultipliant leurs effets à l'ensemble de l'économie. Depuis 1929, l'ensemble des pays industrialisés se sont dotés d'institutions publiques qui peuvent endiguer les crises financières. Aux Etats-Unis, par exemple, on a créé le FDIC (*Federal Deposit Insurance Corporation*) qui assure les déposants contre les risques de faillite bancaire. Les lois sur le surendettement préviennent les personnes physiques contre le risque de la spirale d'une descente aux enfers. Les tribunaux de faillite font de même pour les personnes morales. Les débiteurs sont aujourd'hui protégés des sanctions excessives par des mesures de droit privé. Les nations pourtant n'ont toujours pas à leur disposition une procédure de faillite : une fois prises dans le piège de la dette, elles en restent prisonnières, sans autre recours que la générosité du créancier...

JUBILÉ 2000

Le mouvement intitulé Jubilé 2000 a généré à travers le récit biblique une comparaison entre le statut des pauvres qui, dans l'Antiquité, devenaient esclaves et les pays pauvres que la dette asservit tout autant aujourd'hui. Une mauvaise récolte oblige celui qui doit y faire face à un emprunt. Si, une nouvelle fois, il perd pied, il peut se voir enlever sa terre, et enfin pour faire face à de nouveaux impayés, il finit par se perdre lui-même. Dans l'Antiquité, le débiteur devait alors se vendre comme esclave pour payer ses dettes. La dette, quand elle mène à l'esclavage, crée une disproportion flagrante entre la cause et l'effet. Il y a, chez Thomas d'Aquin, une opposition entre la dette légale et la dette morale qui signale le poids de cette contradiction. On peut penser aussi au *Marchand de Venise* de Shakespeare. Shylock souhaite l'application d'un contrat qui lui donne le droit légal à une livre de chair, au mépris de tout droit moral.

Une difficulté surgit pourtant. Si le créancier anticipe la rémission de dette, prêtera-t-il encore ? Cette incohérence est prévue dans la Bible, qui le met en garde : « Prenez garde de ne point vous laisser surprendre à cette pensée impure, et de ne pas dire dans votre cœur : la septième année, qui est l'année de la reprise est proche ; et de détourner ainsi vos yeux de votre frère qui est pauvre, sans vouloir lui prêter ce qu'il vous demande, de peur qu'il ne crie contre vous au seigneur, et que cela ne vous soit imputé à péché » (*Deutéronome*, XV). Faut-il compter ainsi sur le sens moral du prêteur ?

Les pays les plus endettés eux-mêmes ont craint que le risque d'une annulation future ne les prive, aujourd'hui, d'un accès aux marchés financiers. La contradiction est-elle fatale ?

Un exemple illustrera ce qui est en jeu. Considérons l'exemple d'un alcoolique qui veut arrêter de boire. La même « incohérence » est à l'œuvre. Il aimerait arrêter, demain... Le piège qui se referme sur lui est le suivant. S'il se dit : « J'arrête de boire demain » ; alors la seule conclusion logique est : « Et donc je bois aujourd'hui. » Pourquoi se priver d'un dernier verre si l'on est sûr d'arrêter demain ? Mais le paradoxe est plus grave. S'il pense : « En fait, demain je n'arriverai pas à arrêter », alors la conclusion est identique, autant boire aujourd'hui aussi. Qu'il pense réussir ou échouer le lendemain, la conclusion est la même, autant boire aujourd'hui. Le piège qu'il s'est tendu est le suivant. L'alcoolique pense les actions de celui qu'il sera demain comme étant celles d'un autre. Le « je » qui arrête ou continue de boire demain est un autre que le « je » qui pense aujourd'hui. Pour arrêter de boire il faut réunir ces deux êtres et se dire : celui que je serai demain est celui que je suis aujourd'hui : si je veux arrêter de boire, il faut arrêter aujourd'hui. Et le piège est déjoué.

Revenant à la dette, on peut dire pareillement que celui qui s'endette met en gage un autre que lui-même : l'homme qu'il sera demain, l'esclave dont il veut ignorer le sort. Il perd son intégrité, par nécessité ou par imprévoyance. C'est la raison pour laquelle, dans la Bible, le Jubilé interrompt les contrats de dette sans contradiction. Selon la Bible, l'homme qui s'endette met en gage un être qui ne s'appartient pas car il appartient à Dieu. On tient ici le deuxième sens du *Marchand de Venise*. Antonio met en gage une livre de sa chair, pour aider son ami Bassanio à se marier. Shylock est-il alors le coupable ou est-ce le marchand vénitien qui usurpe sa condition humaine en la mettant en gage ?

Les mêmes questions se posent pour la dette des pays pauvres. La dette est l'arme favorite des gouvernements pressés, qui ne s'inquiètent pas de laisser à leurs successeurs la résolution des problèmes. Mais quelle est l'identité de celui qui s'endette ? Le gouvernement, l'Etat, le peuple ? La dette est un piège, dans la mesure où elle dispense les pays qui y ont recours de se poser la question de leur identité. Elle est comme une drogue qui repousse à plus tard les problèmes qu'elle provoque. L'annulation de la dette n'aggrave donc pas le problème. Elle le résout. Elle oblige ceux qui prêtent à se poser la question morale qui viendra à l'heure du remboursement. L'anticipation du fait qu'il sera un jour moralement juste de la répudier contraint par elle-même les créanciers d'interpréter, par intérêt, le sens moral de leurs crédits.

Exiger l'annulation de la dette oblige chacun, prêteurs et emprunteurs, à respecter, à anticiper l'intégrité des pays pauvres.

Le sommet de Cologne de juin 1999 a finalement consacré l'intérêt des pays du G7 pour la dette des pays les plus pauvres de la planète. Au terme de l'accord, 70 milliards de dollars de dettes sont effacés. Sans entrer ici dans le détail des chiffres, il est possible de montrer que cette annulation reste très insuffisante. En diminuant de moitié le montant de la dette, les créanciers ont moins réduit le fardeau réel supporté par les pays endettés qu'ils ne le prétendent. Le Rubicon a pourtant été franchi. Le FMI et la Banque mondiale ont, pour la première fois de leur existence, annulé près de 50 % de leurs créances sur les pays pauvres. A l'image de la question des médicaments, le combat pour l'annulation de la dette a démasqué une contradiction entre droit légal et droit moral, qui a tourné à l'avantage du second. Dans les deux cas, il est possible de dire que les pays pauvres sont parvenus à faire valoir auprès des pays riches leur droit à l'intégrité physique et morale.

Gouverner sans gouvernement

Les deux exemples de la dette et des médicaments font jouer des cas de figure qui semblent contradictoires. Le droit aux médicaments accorde aux pays pauvres une créance sur le monde ; celui de répudier leur dette leur accorde celui de se soustraire à leurs engagements. Ce droit asymétrique scelle de fait une double exigence : le droit de participer au monde « avec vous » ; et celui de se retirer « entre soi ». Les banquiers et les firmes pharmaceutiques poussent le raisonnement à l'extrême : qu'adviendrait-il d'un monde où les emprunteurs ne rembourseraient jamais leur dette, où les patients ne paieraient jamais leurs médicaments ? Ces deux questions travestissent le problème. Les pays pauvres ne paient, déjà, pas leurs médicaments : ils sont trop pauvres pour les acheter. Ils ne remboursent pas davantage leurs dettes : elles sont excessives. En faisant porter la bataille

245

sur les principes, banquiers et laboratoires pharmaceutiques révèlent pourtant la nature de la
question. Il ne s'agit pas d'un enjeu économique
mais d'une question de principe général. Construire un ordre économique international fiable,
c'est bel et bien se donner les moyens de rendre
légitimes des exceptions justes aux règles généra-
les. Comment rendre possible l'accès des pays
pauvres aux médicaments, sans avoir pour autant à
faire le procès de l'industrie pharmaceutique en
général ? Qui peut être garant de cette légitimité ?

Ce rôle semble échoir aux grandes agences internationales que sont l'OMS pour les médicaments ou le FMI pour les problèmes de dette. Le
problème principal des agences supranationales
telles que l'OMS, le FMI, l'OMC, la Banque
mondiale cependant est qu'elles semblent habitées
par un agenda qui échappe à tout contrôle. Elles
ressemblent à des départements ministériels laissés
à eux-mêmes. L'OMC est en charge de l'application des règles du commerce mondial telles
qu'elles ont été acceptées par les pays signataires
de l'Uruguay Round. Elle n'intègre jamais dans
ses missions des aspects aussi essentiels que la
santé publique ou l'environnement. Le FMI est,
quant à lui, le gardien, autant que faire se peut, de
la stabilité financière internationale, mais il ne
cherche guère à corriger, ou seulement à la marge,
les effets brutaux des crises de change sur le chô-

mage et la pauvreté des pays concernés. Ces agences témoignent chacune d'une maladie démocratique qui peut s'énoncer ainsi : il existe une relation inverse entre la légitimité de ces institutions et leur champ d'action. L'OMS est entièrement légitime quand elle traite des problèmes sanitaires, elle perdrait cette autorité si on lui demandait de prendre aussi en compte les problèmes d'inégalités ou de développement. Le FMI serait légitime pour faire valoir des procédures de faillite pour les pays trop endettés, mais perdrait sa légitimité s'il se proposait d'intervenir dans les questions de santé publique.

On est en fait confronté à deux problèmes. Le premier est qu'il reste de grands biens publics mondiaux qui ne sont pas encore couverts par une agence digne de ce nom. L'environnement est le premier exemple fondamental qui vient à l'esprit. On ne pourra continuer longtemps à laisser privée de régulateur la question du réchauffement de la planète, de la couche d'ozone ou de la disparition des espèces. Il n'est pas surprenant à cet égard que les écologistes soient, dans l'échelle politique, les plus prompts à vouloir abolir les Etats nationaux au profit d'un gouvernement mondial seul à même, à leurs yeux, d'incarner les intérêts de la planète.

Le second problème est que, même lorsque les agences existent, l'autorité de celles qui définissent un pôle « moral », telles que l'OMS ou le

BIT, est faible. Comment faire pour que les normes produites par le BIT sur le travail des enfants soient appliquées ? Que les normes sanitaires de l'OMS aient force de loi ? Rien aujourd'hui, dans le fonctionnement concret du FMI ou de l'OMC, ne contraint ces organisations à observer par exemple les règles établies pour le BIT ou l'OMS. Un contre-exemple pourtant illustrera ce qui est en jeu. Le *Codex Alimentarus*, code alimentaire créé par l'OMS, qui s'impose à l'OMC fait qu'on ne peut pas obliger la libre circulation de produits alimentaires réputés nuisibles par l'OMS. Il faut la mobilisation de l'opinion publique pour corriger le cours de leurs missions. Comment rendre (plus) automatique le passage d'un corps de principes à un autre ?

Un rapport du Conseil d'analyse économique [1] a proposé une première solution qui pourrait être rapidement mise en œuvre. Il s'agirait d'obliger l'OMC à demander un avis aux agences concernées, chaque fois qu'un différend commercial surgit à propos par exemple d'un problème portant sur des questions sanitaires ou d'environnement. L'OMC ne serait pas obligée de suivre l'avis, mais elle devrait alors s'en expliquer. Ce faisant, le débat public peut être saisi du différend, et militer

---

1. P. Jacquet, J. Pisany-Ferry et Laurence Tubiana, *Gouvernance mondiale*, Paris, La Documentation française, 2001.

le cas échéant pour une révision des traités. Mais un horizon plus ambitieux peut être offert. Jacques Delors a ainsi proposé de créer un Conseil de sécurité économique aux Nations unies. Celui-ci pourrait être saisi chaque fois qu'un conflit de normes intervient entre les agences dépendant du système des Nations unies. Le Conseil, constitué de sages à l'autorité morale reconnue mondialement, serait chargé de statuer. Cette formule indisposera ceux qui rêvent d'un Etat mondial autant que les partisans des seuls Etats nationaux. Mais sauf à abandonner aux marchés ou aux seuls rapports de forces entre les Etats l'énoncé des normes publiques, il est essentiel de disposer d'une instance de régulation dont la tâche soit de mettre en cohérence les normes morales et les normes économiques. Si le problème du monde est que la conscience planétaire est aujourd'hui en avance sur sa réalité, on ne peut longtemps la priver d'un débouché pratique.

RÉFORME ET RÉVOLUTION

La tension est palpable entre ceux qui seraient assez heureux d'accomplir aujourd'hui cette tâche et ceux qui la tournent en dérision au nom d'un idéal révolutionnaire. Serge Latouche fustige ainsi

« les réformistes en chambre », qui voudraient distinguer le « bon » capitalisme, producteur de richesses, du « mauvais » [1]. « Il y a dans l'économie un noyau substantiel dont on peut certes limiter les effets mais dont il est impossible de changer la nature. Ce n'est pas en ajoutant l'adjectif durable ou soutenable qu'on y changera grand-chose. » Le terme de « développement durable », ajoute-t-il, rassemble « l'ensemble des bonnes intentions des partisans d'une autre mondialisation » dont, « sans faire de procès d'intention à ces belles âmes, il est tout de même ennuyeux que la Banque mondiale et même George W. Bush ne disent pas autre chose ». Il n'y a rien en tant que tel à redire à de telles affirmations. Déjà la Sécurité sociale avait été inventée par Bismarck pour que le peuple apprenne que le souverain se soucie mieux de son bien que les révolutionnaires. Une chose est claire pourtant : il ne l'aurait pas fait sans la menace révolutionnaire elle-même.

Le fait que le mouvement antimondialiste d'hier tienne à présent à s'appeler altermondialiste est le signe de son évolution. Les débats qui ont par exemple accompagné la publication du livre de M. Hardt et T. Negri expriment bien la tension qui

---

1. S. Latouche, « D'autres mondes sont possibles, pas une autre mondialisation », *in MAUSS, Quelle « autre » mondialisation ?*, 2002.

reste à l'œuvre. *L'Empire,* terme par lequel les auteurs désignent la mondialisation au sens large, présenté par le *New York Times* comme le nouveau *Manifeste communiste,* est apparu à certains de ses critiques de gauche comme un éloge déplacé du capitalisme [1]. « L'Empire, dit ainsi Negri, représente un progrès, de la même manière que le capitalisme selon Marx constituait un progrès par rapport aux formes sociales et aux modes de production antérieurs. Une fois l'Empire solidement établi, ceux qui s'opposent à la domination des élites globales au nom de l'égalité, de la liberté, de la démocratie trouveront sans aucun doute le moyen de s'opposer à lui. » A ses yeux, les tentations « impérialistes » de l'administration Bush sont un pas en arrière. Elles reviennent au mode dépassé du XIXᵉ siècle, là où il faudrait faire émerger une « aristocratie impériale réformiste », qui fasse advenir un mode de gouvernement mondial adapté à l'état courant de la mondialisation.

Une telle démarche (réformiste ?) fait sortir de ses gonds un auteur tel Daniel Bensaïd, philosophe et membre influent de la LCR [2]. « Décidément, écrit-il, au bout de leur chemin de croix intellectuel, Hardt et Negri retrouvent le bon vieux déter-

---

1. M. Hardt et A. Negri, *L'Empire*, Paris, Exils, 2000.
2. D. Bensaïd, *Le Nouvel Internationalisme*, Paris, Textuel, 2003.

minisme économique, les bonnes vieilles illusions du progrès, et les bonnes vieilles alliances (avec les élites progressistes de l'Empire contre les vieilles tentations d'un impérialisme dépassé) », et de conclure que la mondialisation et ses institutions sont en pratique irréformables. Cette opposition prouve combien reste ouverte, au sein même du mouvement altermondialiste, l'attitude à adopter face à la mondialisation. La frontière entre la mondialisation et ses ennemis passe manifestement au sein même de ce mouvement.

Tout aussi caractéristique des malentendus sur celle-ci est la manière dont le débat est engagé. « Il n'y a plus de fracture Nord-Sud, écrit Negri, car il n'existe plus de différence géographique entre les Nations. » On retrouve ici les illusions d'un monde sans frontières, pariant sur les forces de diffusion spontanée du capitalisme que l'histoire économique réfute pourtant, et que dénonce justement Bensaïd. Mais il le fait au nom d'arguments tout aussi fragiles. « Aujourd'hui comme hier, écrit-il, le sous-développement n'est pas un à-côté ou l'expression d'un retard par rapport aux pays avancés, il demeure la condition même de l'accumulation élargie, de même que la spécialisation de l'Inde, l'esclave colonial et l'usage de l'opium furent l'envers nécessaire de l'essor du capitalisme industriel des années 1860 et 1880 ». On a vu combien cette vision de l'échange inégal, qui fait des pays pauvres [1] envers nécessaire, la « condition même », de la richesse des pays riches, était fausse. Le drame de la mondialisation actuelle tient à une cause exactement opposée : la pauvreté des pauvres est gratuite, inutile.

Le capitalisme mondial n'est pas le capitalisme tout court. C'est là tout le problème. La tragédie des pays les plus pauvres est qu'ils veulent entrer, sans s'y perdre, dans un monde qui, pour l'essentiel, les ignore. Ce qui rend si difficile de trouver le langage, le ton, qui conviennent pour parler de la mondialisation est qu'il faut obtenir d'elle qu'elle fasse entrer les pays pauvres dans le cercle de notre prospérité matérielle, tout en gardant une distance critique par rapport à celle-ci. Rendre le monde plus juste exige à la fois de créer des institutions qui facilitent l'entrée des pays pauvres dans le capitalisme mondial, tout en en construisant d'autres qui ouvrent un espace public qui échappe au capitalisme. C'est cette tâche, en partie contradictoire, qui attend aujourd'hui notre génération.

Conclusion

L'Europe a pris le contrôle de la planète en l'espace d'un bref demi-millénaire. Assise sur les épaules des grandes civilisations eurasiennes, elle a d'abord anéanti les civilisations précolombiennes, avant d'asservir les civilisations chinoises, indiennes et musulmanes dont elle s'était préalablement approprié les principales inventions. En 1913, l'Europe et ses nouvelles terres de peuplement règnent sur le monde. Seule une île perdue aux confins du monde, le Japon, échappe à cette hégémonie.

Il est tentant d'interpréter la mondialisation actuelle comme la continuation, par d'autres moyens, de cette occidentalisation du monde. Que l'on mette l'accent sur la domination économique ou culturelle, l'Occident, désormais emmené par les Etats-Unis, semble parachever l'œuvre amorcée il y a cinq cents ans. Cette lecture commande également l'interprétation qui est faite du rejet de la mondialisation. L'hégémonie culturelle se heurte au réveil des grandes civilisations hier asservies.

Conclusion

L'hégémonie économique attise le renouveau des forces anticapitalistes. Nouvelle guerre des religions ou nouvelle lutte des classes planétaire, le territoire de la mondialisation trouve un périmètre connu.

Cette lecture a le mérite de la simplicité historique. Elle n'a que l'inconvénient de confondre le mythe et la réalité. Le principal problème de la mondialisation aujourd'hui n'est pas qu'elle aiguise les conflits religieux ou la lutte des classes. Il est dû à une cause plus simple et plus radicale : *la mondialisation ne tient pas ses promesses.* Elle crée un monde étrange, qui nourrit le sentiment d'une exploitation, alors qu'elle ne l'exerce pas ou peu ; elle donne l'image d'une proximité nouvelle entre les nations qui n'est pourtant que virtuelle. La difficulté qu'il y a à la penser tient à ce qu'elle désigne à la fois un manque : l'absence d'intégration des plus pauvres au capitalisme mondial, et un trop-plein : la présence des pays du Nord comme horizon obsédant du développement économique.

Le développement, tel que l'a analysé Amartya Sen, consiste à donner aux personnes et aux sociétés, les moyens de construire des destins dignes de leurs attentes. Le problème de la mondialisation est qu'elle a, à ce jour, davantage modifié les attentes des peuples qu'accru leurs capacités d'agir. Même dans les cas *a priori* les plus favorables, la situation reste accablante. Si la côte Est de la Chine devient le nouvel atelier du monde, 800 millions de paysans pauvres espèrent obtenir le droit de venir y résider. Plus de la moitié de la population indienne ne sait toujours pas lire et écrire. La tâche qui attend les pays pauvres pour devenir à leur tour des centres prospères reste considérable, pour certains, décourageante. On ne mesurera jamais assez la portée de cette statistique essentielle : la moitié de la population de la planète vit avec moins de 2 euros par jour. Ils doivent, à partir de cette base fragile, construire des routes, éduquer leurs populations, maîtriser des technologies en constante évolution. Tout reste à faire qui leur permette de devenir des acteurs à part entière de la mondialisation. Pour accéder à Internet, il faut d'abord des lignes de téléphone. Pour prescrire un médicament, on a besoin de médecins. Pour la majeure partie des habitants pauvres de notre planète, la mondialisation reste une idée inaccessible.

On a longtemps pensé que le commerce mondial avait été responsable de l'écart creusé entre les riches et les pauvres au cours du XIXe siècle, le commerce ayant accéléré l'industrialisation de l'Angleterre et freiné celle de l'Inde. Cette interprétation serait plutôt une bonne nouvelle pour les pays pauvres, puisque c'est aujourd'hui le contraire qui se produit. L'Inde a pourtant souffert d'un handicap beaucoup plus lourd, qui frappa nombre de pays après leur Indépendance. Le développement indien est resté prisonnier d'une conception primitive du capitalisme, faite d'aliénation plus que d'adhésion. Il est aujourd'hui bien établi que le capitalisme est incapable de produire par lui-même « l'esprit » dont il a besoin pour prospérer. Max Weber l'imputait au protestantisme, et nombreux sont ceux qui y voient l'apanage de l'Occident. La divergence spectaculaire de destins après guerre entre Taïwan et la Chine populaire donne, *a contrario*, une illustration de la fragilité de cette thèse. La diffusion des comportements est beaucoup plus fréquente qu'elle ne le laisse penser. Les ressemblances démographiques et sociologiques sont ainsi plus fortes, on l'a vu, entre un pays islamique et un pays voisin qui ne l'est pas qu'entre deux pays islamiques éloignés dans l'espace. Cela n'augure certes pas d'une « civilisation planétaire », mais contient bien la promesse de croisements multiples.

Lorsque Samuel Huntington écrit que « quelque part au Moyen-Orient, une demi-douzaine de jeunes peuvent bien porter des jeans, boire du Coca-Cola, et cependant faire sauter un avion de ligne américaine », il tient des propos raisonnables en tant que tels mais parfaitement réversibles. Les Iraniens peuvent brûler un drapeau américain devant les caméras de télévision et pourtant adopter en privé le comportement qu'ils dénoncent en public. Quiconque a vu le film *Ten* de l'Iranien Kiarostami ne peut plus douter que l'Iran n'est pas loin, dans ce domaine essentiel qu'est la condition féminine, des nations « occidentales ». Le paradoxe central de notre époque tient au fait que l'idée d'une citoyenneté mondiale, *a priori* inaccessible, est curieusement en avance sur l'égalisation des niveaux de développement.

Du seul fait qu'ils existent, bien davantage que parce qu'ils exploitent économiquement ou abêtissent culturellement les autres peuples, les pays riches posent néanmoins un problème existentiel aux autres nations. Qu'ils créent aujourd'hui pour l'ensemble de la planète les technologies dont celle-ci va se servir est à la fois immensément utile (ils paient le coût de leur expérimentation) mais également l'expression d'une tyrannie. Tout se passe comme s'ils interdisaient également la découverte d'autres possibles. L'existence du téléphone ou de la télévision empêche de penser ce que deviendrait un monde où cette découverte n'aurait pas été faite. Les techniques sont bien davantage que de simples instruments. Le paléontologue André Leroi-Gourhan expliquait que c'est grâce à l'usage des outils que l'*homo sapiens* était parvenu à progresser de manière cumulative, plutôt que par la transmission directe des pensées, des idées, d'une génération à une autre.

Conclusion

Pour les pays du Sud, et dans une certaine mesure pour les pays européens vis-à-vis des Etats-Unis, être dépossédés de la création de nouveaux savoirs, de nouvelles technologies, équivaut à une exclusion de l'Histoire. Un homme n'est pas heureux simplement du fait qu'il consomme tel ou tel légume. Les chemins qui le mènent à constituer son goût, le processus qui le conduit à faire un choix plutôt qu'un autre sont aussi capitaux que ce choix lui-même. Les pays pauvres veulent disposer du tout-à-l'égout et de médicaments, mais cette demande n'est pas contradictoire avec celle de participer à l'écriture d'une histoire mondiale qui ne se résume pas à imiter mécaniquement les pays les plus avancés.

Comprendre la mondialisation exige que l'on tienne à égale distance la vision mécanique de ceux pour qui les étapes de la croissance économique sont fixées à l'avance et le relativisme des tenants du choc des civilisations pour lesquels chaque peuple ne saurait que persévérer dans son être. Parce que l'espèce humaine est insécable, chaque peuple est interpellé par les découvertes techniques ou morales qui sont faites par les autres. Mais le monde ne sera jamais « juste » tant que les peuples n'auront pas la conviction qu'ils contribuent à la découverte et à la fabrication d'un destin humain partagé et ne pourront dire : « Tout ce que nous parvenons à comprendre des productions humaines devient aussitôt un élément de notre patrimoine culturel. Je suis fier de mon humanité chaque fois que je suis en mesure d'apprécier des poètes et des artistes d'autres pays que le mien. » Ecrit par le souverain indien Ashoka, et valable pour l'éternité.

TABLE

Cet ouvrage a été imprimé par

FIRMIN DIDOT

GROUPE CPI

Mesnil-sur-l'Estrée

pour le compte des Éditions Grasset
en septembre 2004

Imprimé en France
Première édition, dépôt légal : janvier 2004
Nouveau tirage, dépôt légal : septembre 2004
N° d'édition : 13467 - N° d'impression : 70200
ISBN : 2-246-66401-2